A caminho da Eucaristia

1ª etapa – Catequizando

Dados Internacionais de Catalogação na Publicação (CIP)
(Câmara Brasileira do Livro, SP, Brasil)

Pincinato, Maria de Lurdes Mezzalira
   A caminho da Eucaristia : 1ª etapa, catequizando / Maria de Lurdes Mezzalira Pincinato. 10. ed. – Petrópolis, RJ : Vozes, 2014.

   Bibliografia.

   7ª reimpressão, 2024.

   ISBN 978-85-326-3303-3

   1. Catequese – Igreja Católica 2. Catequistas 3. Ensino religioso – Compêndios para crianças – Igreja Católica 4. Eucaristia 5. Primeira Comunhão – Estudo e ensino I. Título.

08-09423   CDD-268.82

Índices para catálogo sistemático:
1. Catequese : Igreja Católica   268.82

Maria de Lurdes Mezzalira Pincinato

A CAMINHO DA EUCARISTIA

1ª etapa – Catequizando

EDITORA
VOZES

Petrópolis

© 2006, Editora Vozes Ltda.
Rua Frei Luís, 100
25689-900 Petrópolis, RJ
www.vozes.com.br
Brasil

Todos os direitos reservados. Nenhuma parte desta obra poderá ser reproduzida ou transmitida por qualquer forma e/ou quaisquer meios (eletrônico ou mecânico, incluindo fotocópia e gravação) ou arquivada em qualquer sistema ou banco de dados sem permissão escrita da editora.

CONSELHO EDITORIAL

Diretor
Volney J. Berkenbrock

Editores
Aline dos Santos Carneiro
Edrian Josué Pasini
Marilac Loraine Oleniki
Welder Lancieri Marchini

Conselheiros
Elói Dionísio Piva
Francisco Morás
Gilberto Gonçalves Garcia
Ludovico Garmus
Teobaldo Heidemann

Secretário executivo
Leonardo A.R.T. dos Santos

PRODUÇÃO EDITORIAL

Aline L.R. de Barros
Jailson Scota
Marcelo Telles
Mirela de Oliveira
Natália França
Otaviano M. Cunha
Priscilla A.F. Alves
Rafael de Oliveira
Samuel Rezende
Vanessa Luz
Verônica M. Guedes

Coordenação editorial: Marilac Loraine R. Oleniki
Editoração e org. literária: Fernando Sergio Olivetti da Rocha
Diagramação: AG.SR Desenv. Gráfico
Capa: André Esch

ISBN 978-85-326-3303-3

Este livro foi composto e impresso pela Editora Vozes Ltda.

O nome que eu recebi no Batismo é:

....

....

Fui batizad....... no dia ....

Meus padrinhos são:

....

....

Eu nasci no dia ....

Meus pais são:

....

....

Minha Paróquia (e Comunidade) é:

....

O padroeiro da minha Paróquia (e Comunidade) é:

....

Cole aqui a figura
do santo padroeiro
da sua Paróquia
(e Comunidade)

SUMÁRIO

Apresentação, 7

CATEQUESES CELEBRATIVAS, 9

1ª - Jesus me chama pelo nome – O sinal da cruz, 11

2ª - A Bíblia: encontro de Deus com os seres humanos, 14

3ª - Inspiração e composição da Bíblia, 17

4ª - Com Jesus, podemos chamar Deus de Pai nosso, 21

5ª - Jesus nos ensina a fazer a vontade do Pai, para que o Reino aconteça, 24

6ª - Com Jesus podemos dar e perdoar, 27

7ª - Jesus reza por nós, para livrar-nos do mal, 31

8ª - Como tudo começou: "...no princípio...", 36

9ª - Deus chama o ser humano para o amor – Abraão acredita em Deus, 39

10ª - Deus faz uma aliança com Abraão, 42

11ª - Isaac, sinal do amor e da misericórdia de Deus, 45

12ª - Deus é glorificado em sua obra – Jacó é escolhido, 49

13ª - Jacó é forte com Deus: torna-se pai das 12 tribos de Israel, 52

14ª - Um clamor sobe aos céus: o povo de Deus é escravo, 56

15ª - Deus liberta o seu povo – Moisés, 59

16ª - Deus faz Páscoa com o seu povo, 63

17ª - Um povo a caminho, 66

18ª - Israel, o povo de Deus, tem juízes e reis, 71

19ª - Deus fala pelos profetas, 74

20ª - João batiza Jesus, 77

21ª - Jesus tem uma mãe, 80

22ª - Maria é a Mãe de Jesus e a nossa Mãe, 83

23ª - Jesus e os apóstolos, 87

24ª - Jesus faz milagres e ensina com parábolas, 90

CATEQUESES LITÚRGICAS, 95

1ª - O Tempo Litúrgico na Igreja, 97

2ª - Quaresma: tempo de conversão, 101

3ª - Estamos na Semana Santa – Jesus morre na cruz, 104

4ª - Páscoa: Jesus ressuscitou, 107

5ª - Maio, nós veneramos Maria, 110

6ª - Pentecostes: Jesus envia o Espírito Santo, 113

7ª - Santíssima Trindade: comunidade de amor, 117

8ª - *Corpus Christi*: Festa do Corpo e do Sangue de Jesus, 121

9ª - Celebramos a vida dos que morreram, 124

10ª - Advento: tempo de espera, 126

11ª - Natal: "E o Verbo se fez carne e habitou entre nós", 130

Cantos, 135

Apresentação

$\mathcal{N}$a missão de evangelizar, obra precípua da Igreja, a catequese ocupa lugar privilegiado. É indispensável introduzir na fé as crianças, aprofundar no conhecimento e na vivência os jovens e adultos. Na verdade, nenhuma pessoa está plenamente integrada na fé, enquanto caminha neste mundo. Estamos sempre em crescimento. Somos sempre discípulos, isto é, aprendizes das Palavras do Senhor.

Para integrar as pessoas na fé, um método adequado e atualizado é instrumento indispensável. Ele funciona como balizas no trânsito, como sinais nas estradas. Sem eles, o caminho existe, mas acertar a direção e evitar os enganos e perigos se torna quase impossível.

O método que aqui apresento já é realidade na Diocese de Jundiaí há vários anos, tendo sido iniciado seus primeiros passos em 1995, mas foi se desenvolvendo e crescendo em todos os aspectos, cada vez correspondendo mais às aspirações das comunidades e de seus pastores, os padres e diáconos permanentes que o têm aplicado com muito fruto nas paróquias. Tendo assumido a Diocese de Jundiaí como seu bispo diocesano há dois anos, tomando conhecimento do método e percebendo sua eficácia e excelência, apoiei e incentivei sua autora, a catequista Maria de Lurdes Mezzalira Pincinato, a publicá-lo, a fim de que outras comunidades deste vasto Brasil pudessem usufruir deste primoroso trabalho.

O método é celebrativo ao invés de expositivo, porque não se pode conhecer a Deus apenas pela razão, mas, além dela, deve-se envolver todos os elementos do ser humano. Não se faz catequese para saber conceitos apenas, mas muito mais para vivenciar com consciência o mistério de Jesus Cristo, Deus e Homem verdadeiro, Verbo encarnado para a salvação da pessoa humana.

Em minha experiência de pároco e de professor por mais de 20 anos, antes de minha nomeação episcopal, sempre percebi as lacunas de certos métodos que muitas vezes caíam num racionalismo pouco eficaz, transformando as catequeses em aulas puramente. Sempre me preocupei em orientar meus catequistas e minhas catequistas no sentido de que a finalidade da catequese não deve ser somente fazer o catequizando conhecer as verdades de fé com o seu intelecto, mas possibilitá-los verdadeiramente a um encontro pessoal e amoroso com Cristo, de forma tal que nunca mais o esqueçam. Somente assim se tornariam verdadeiros cristãos e posteriormente missionários conscientes de Cristo no meio social. Vejo neste presente método, que privilegia o aspecto celebrativo, uma excelente oportunidade para que isto aconteça.

Parabenizo a autora e todos mais catequetas e catequistas da Diocese de Jundiaí, especialmente a todos os que militam no Centro Catequético Diocesano Dom Gabriel.

Louvo a Deus e faço votos que este método que agora se publica sirva imensamente à formação catequética em muitos lugares da Igreja no Brasil e alhures.

Invoco de Deus, pelas mãos de Maria, a Catequista por excelência que trouxe Cristo à humanidade e aos corações, bênçãos para todos quantos utilizarem deste trabalho em favor do Reino de Deus.

Dom Gil Antônio Moreira
Bispo Diocesano de Jundiaí
Janeiro de 2006

Catequeses

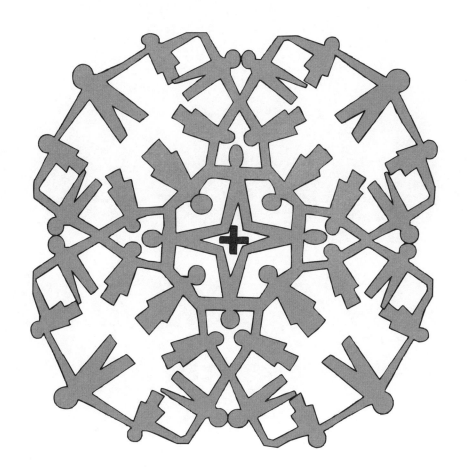

celebrativas

1ª Catequese

JESUS ME CHAMA PELO NOME
O SINAL DA CRUZ

As ovelhas ouvem a sua voz, e ele chama cada uma pelo próprio nome (Jo 10,3).

Hoje é dia ____ / ____ / ____
Estamos na _____ semana do tempo _____

Vamos conversar

✪ Deus conhece você pelo seu nome. Escreva o seu nome no quadro e faça um enfeite bem bonito.

✪ O que diziam as pessoas quando você nasceu:

_____
_____
_____

Seus pais escolheram padrinhos para você. Levaram você até a igreja e lá pediram que você fosse batizado(a).

Nesse dia foi feito na sua testa um sinal. Este sinal é o **sinal da cruz**. Este é o sinal do cristão. A cruz para os filhos de Deus é um sinal de alegria, porque Jesus morreu na cruz para salvar todas as pessoas.

Fazemos o sinal da cruz em nome do PAI que nos criou, em nome do FILHO que nos salvou e em nome do ESPÍRITO SANTO, que nos santifica e nos conduz hoje na Igreja.

Jesus contou a parábola do pastor que conhece as suas ovelhas. O Bom Pastor que chama cada uma pelo seu nome. Jesus é o bom pastor. Jesus conhece cada um de nós. Jesus veio para nos ensinar quem é Deus. Jesus veio para nos dar uma "vida nova, vida em abundância".

Por isso, temos este tempo de preparação para fazer a primeira comunhão.

 ## Vamos responder

1) Você quer se preparar para fazer a Primeira Comunhão? _____

2) O que você sabe sobre Deus? _____

3) Quem ensinou isso para você? _____

4) Você conversa sobre Deus em casa com seus pais? _____

5) Quando? _____

Vamos conversar

✪ Durante o tempo de preparação, você vai estar com outros coleguinhas que também querem fazer a Primeira Comunhão. Converse com aquele que está a seu lado sobre como deve ser o comportamento de vocês durante as catequeses. Escreva o que combinaram:

_____
_____

Vamos desenhar

❖ Faça no quadro a família que Deus lhe deu. Coloque também as outras pessoas que moram com você.

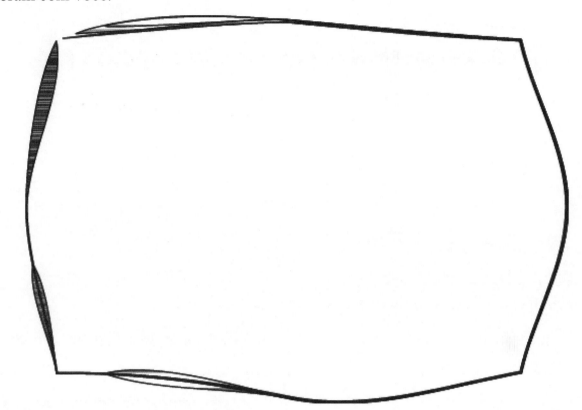

Nosso gesto concreto

★ Eu quero me preparar para fazer minha Primeira Comunhão. O que eu devo fazer?
_____
_____
_____

Vamos memorizar

Quando fazemos o sinal da cruz, nos lembramos de:

Deus Pai que nos criou, Deus Filho que nos salvou e Deus Espírito Santo que nos santifica e nos conduz hoje na Igreja.

2ª Catequese

A BÍBLIA: ENCONTRO DE DEUS COM OS SERES HUMANOS

Outras sementes caíram em terra boa (Mt 13,8).

Hoje é dia ____ / ____ / ____

Estamos na _____ semana do tempo _____

A mensagem que Deus escreve para nós hoje está na Bíblia.

• O que você faz quando recebe uma carta, um bilhete ou um e-mail de um amigo?

_____

_____

_____

Vamos ler para conhecer um pouco a Bíblia

A Bíblia é o testamento de Deus. O povo de Deus viveu a experiência de Deus em suas vidas. A história da vida do povo de Deus era contada de pai para filho oralmente.

Antigamente não havia papel como hoje. A Bíblia foi escrita em rolos, os mais antigos foram escritos em língua aramaica. Os rolos eram feitos de couro de carneiro ou de papiros, feitos com uma planta do Egito que nascia perto do Rio Nilo. Somente com a descoberta do papel e da imprensa é que a Bíblia passou a ter a forma atual.

O povo do Antigo Testamento foi preparado por Deus para a vinda do Messias Prometido.

Pelo Batismo nós nos tornamos filhos de Deus, portanto herdeiros do amor de Deus. A Bíblia é o documento dessa herança. A Bíblia pertence a cada um de nós. Ela é um presente de Deus.

A Bíblia é para ser usada, lida, relida e como São João escreveu em sua primeira carta. Cada um deve fazer a sua experiência de Deus: VER, OUVIR, APALPAR DEUS na sua vida para depois testemunhar.

O velho Simeão testemunha o cumprimento das promessas que Deus fizera no Antigo Testamento através de seus profetas como Isaías, que diz:

> Tal como a chuva e a neve caem do céu e para lá não voltam sem ter regado a terra, sem a ter fecundado e feito germinar as plantas, sem dar o pão a comer, assim acontece à palavra que minha boca profere: não volta sem ter produzido seu efeito, sem ter executado minha vontade e cumprido sua missão (Is 55,10-11).

Vamos desenhar

❖ Leia com atenção, outra vez, em voz baixa, o trecho do Profeta Isaías, capítulo 55, versículos 10 e 11, que está acima, e faça um desenho mostrando o que você entendeu.

Vamos responder

1. Assinale **V** nas afirmações verdadeiras, e **F** nas afirmações falsas:

A Bíblia é

( ) Deus que fala aos seres humanos.

( ) um livro só para os cristãos.

( ) Deus que fala com cada um de nós.

( ) um livro que contém muitos livros.

( ) um livro que serve só para as pessoas mais velhas.

( ) um livro que fala do amor de Deus para com as pessoas.

Nosso gesto concreto

A Palavra de Deus contida na Bíblia é como a semente que é lançada na terra.

Da semente nasce uma planta que dá frutos. Nosso coração é a terra onde cai a Palavra de Deus que está na Bíblia.

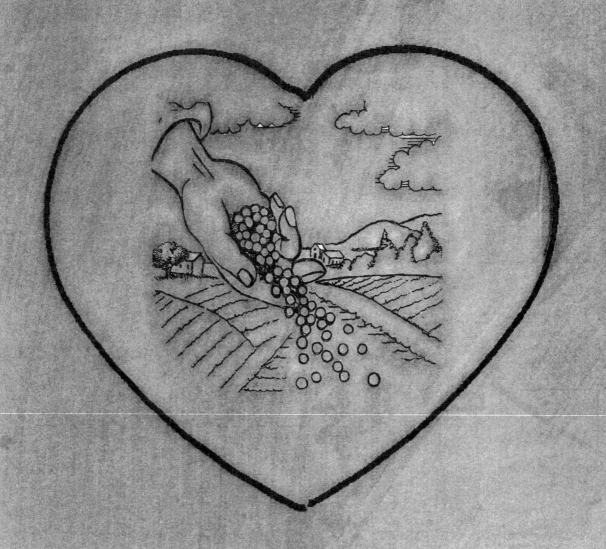

✶ Como você vai cuidar da sua Bíblia, o Livro Sagrado?
_____
_____
_____
_____
_____

3ª Catequese — INSPIRAÇÃO E COMPOSIÇÃO DA BÍBLIA

> Era preciso que se cumprisse tudo o que está escrito sobre mim na Lei de Moisés, nos profetas e nos salmos (Lc 24,44).

Hoje é dia ___/___/___
Estamos na _____ semana do tempo _____

Vamos ler para saber o que a **Bíblia** contém

A Bíblia é a mensagem de Deus aos seres humanos.

A Bíblia foi escrita por pessoas inspiradas por Deus. Deus enviou o seu Espírito para que elas pudessem escrever somente o que Ele queria que fosse escrito. Nós também temos necessidade do Espírito Santo para compreendermos e vivermos a Palavra de Deus.

A Bíblia tem duas partes: o Antigo Testamento – **AT** e o Novo Testamento – **NT**.

O Antigo Testamento fala da vida do povo escolhido por Deus – os hebreus. Conta as experiências vividas pelo povo de Deus. Conta como eles ouviram, viram e apalparam Deus em suas vidas. Conta como Deus preparou este povo, o seu povo, para a vinda do Messias.

O Novo Testamento narra o acontecimento mais importante da Bíblia e da humanidade: Deus que entra na história do homem como homem. Conta como, na pessoa de Jesus, Deus revela às pessoas toda a Verdade. Conta que Jesus ensinou qual é a vontade de Deus. Narra também como viviam as primeiras comunidades cristãs e como os discípulos de Jesus iniciaram a evangelização de todos os povos.

Na Missa, as leituras e os salmos são lidos durante a Liturgia da Palavra. Normalmente é lida uma leitura tirada do Antigo Testamento e é sempre cantado um salmo como resposta à primeira leitura. Depois é feita uma leitura tirada geralmente das cartas, dos Atos dos Apóstolos ou do Apocalipse. Durante estas leituras ficamos sentados. Depois, geralmente se canta a Aclamação ao Evangelho e se faz a proclamação do Evangelho do dia.

Vamos fazer juntos

☼ Complete o quadro com o nome de alguns livros da Bíblia no AT e no NT

ANTIGO TESTAMENTO – AT	NOVO TESTAMENTO – NT

Vamos ♡ memorizar

✧ Como ler as citações da Bíblia?

A Bíblia tem 73 livros, sendo 27 do Novo Testamento e 46 do Antigo Testamento. Os livros estão divididos em capítulos e os capítulos em versículos. Cada versículo pode ter uma ou mais frases, por vezes apenas parte de uma frase. Cada capítulo tem um número e cada versículo tem um número. Esses números nos ajudam a localizar o texto que queremos ler ou anotar para uma consulta em outro momento.

Vejamos a citação do evangelho lido na celebração: **Lc 4,16-21.**

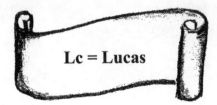
Lc = Lucas

Cada livro da Bíblia tem um nome.

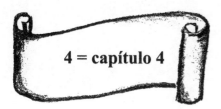

O livro está dividido em capítulos que são os números maiores e em negrito.

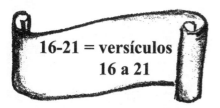

Os capítulos estão divididos em versículos, que têm números menores e estão no alto da primeira palavra de cada versículo.

✧ Vamos escrever como se leem estas citações Você pode consultar, nas primeiras páginas da sua Bíblia, qual o nome do livro que as abreviações usadas indicam:

Lc 4,16-21: _____
_____
_____

1Jo 1,1-4: _____
_____
_____

✧ Consulte o índice da Bíblia e preencha a cruzadinha com o nome do livro que corresponde às seguintes abreviaturas: **Pr (Prov.); Lv (Lev.); Hb (Heb.); Ml (Mal.); Ef (Ef.); Ap (Apoc.).**

						B						
						Í						
						B						
						L						
						I						
						A						

Vamos 📖 pesquisar

1) Procurar na Bíblia esta passagem: **Is 40,8**.

   • Primeiro procure, no índice, o nome do livro, que está abreviado, depois, encontre o livro na Bíblia.

   • Procure o número do capítulo e finalmente o número do versículo como está indicado no desenho:

O nome do livro
Está sempre no canto direito ou esquerdo de cada página.

O capítulo do livro
É indicado pelo número maior.

O versículo do livro
É indicado pelo número menor.

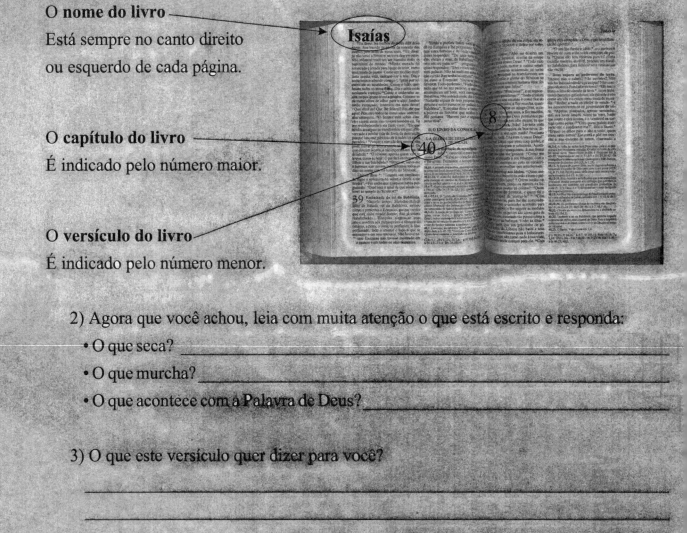

2) Agora que você achou, leia com muita atenção o que está escrito e responda:

   • O que seca? _____

   • O que murcha? _____

   • O que acontece com a Palavra de Deus? _____

3) O que este versículo quer dizer para você?
_____
_____
_____
_____
_____
_____

4ª Catequese

COM JESUS, PODEMOS CHAMAR DEUS DE PAI NOSSO

Se dois de vós se unirem sobre a terra para pedir seja o que for, consegui-lo-ão de meu Pai que está no céu! (Mt 18,19).

Hoje é dia ____/____/____
Estamos na _____ semana do tempo _____

Vamos ler para saber o que Jesus ensina

Jesus nos ensina a rezar e diz: "Pai nosso que estais nos céus". Um só é nosso Pai (Mt 23,8-9). Temos um só Pai, então somos todos irmãos.

Deus se revela "aos pequeninos", porque os que se dizem sábios não têm lugar para Deus em seu coração, eles já sabem tudo.

Jesus é o Filho Unigênito de Deus, quer dizer, Jesus é o Filho único de Deus, que realmente pode dizer "*Abbá*, Pai", isto é, "Papai" (Rm 8,15).

Jesus, ser humano como nós, sofreu, morreu e ressuscitou. Jesus salvou toda a humanidade: todos os homens, todas as mulheres e todas as crianças.

Quando rezamos, dizendo Pai nosso que estais nos céus, dizemos que Deus é nosso Pai. Não é só meu ou de outro, Deus é Pai de todos os homens, mulheres e crianças.

Dizemos que Deus está no céu porque Ele está presente em todo o universo criado. Tudo pertence a Ele, porque tudo vem dele.

Olhando para o céu que conhecemos, tão imenso e tão bonito, podemos lembrar o imenso amor de Deus por nós, que nos quis por seus filhos.

Em cada dia de nossa vida, somos convidados a "ser santos como Deus é santo" (cf. 1Pd 1,15-16).

No livro do Apocalipse, lemos que os santos e os anjos no céu cantam sem cessar "Santo, Santo, Santo é o Senhor Deus, o Todo-Poderoso" (Ap 5,8).

Nome de Deus em hebraico

Vamos responder

1) Por que será que Jesus ensinou a dizer Pai **nosso** e não Pai **meu**?
_____

2) Ler Ml 2,10 e responder:
- Quantos pais nós temos? _____
- Quem nos criou? _____
- Se temos um só Deus, se temos um único Pai, o que somos? _____
- Se somos todos irmãos, como vamos nos tratar uns aos outros? _____
_____

Nosso gesto concreto

1Jo 4,20-21

✶ Como podemos provar que amamos a Deus? _____
_____

✶ Vamos escrever nos corações as atitudes que nos poderão tornar mais santos como Deus é Santo:

Quando Jesus ensinou o Pai-nosso, colocou como primeiro pedido que **o nome de Deus fosse santificado**. O nome de Deus será santificado quando acolhermos com gestos de amor o nosso irmão necessitado, faminto, doente, abandonado.

Vamos desenhar

❖ Desenhe neste quadro as coisas de que você mais gosta e que Deus ao criá-las está dando de presente para você. Deus o ama muito e quer que você seja feliz.

Gesto litúrgico

Na Eucaristia, após o ofertório, o padre que preside a celebração nos diz: "Corações ao alto", e respondemos: "O nosso coração está em Deus". Realmente nosso coração vai estar bem pertinho de Deus que é nosso Pai. E depois, no momento em que cantamos o SANTO, dizemos "hosana nas alturas". Deus, que é nosso Pai, está em toda parte, olha para nós com muito amor e carinho.

✱ Complete: Santo, Santo, Santo _____

_____

_____

_____

Símbolo litúrgico: meu nome

○ Faça uma moldura bem bonita e escreva o seu nome e o que ele significa:

5ª Catequese — JESUS NOS ENSINA A FAZER A VONTADE DO PAI, PARA QUE O REINO ACONTEÇA

Não a minha vontade, mas a tua seja feita (Lc 22,42).

Hoje é dia ____ /____ /____
Estamos na _____ semana do tempo _____

Vamos ler para saber o que Jesus ensina

O povo de Jesus – os judeus – esperavam ansiosamente pela vinda de um libertador que restaurasse o reino de Israel.

No Pai-nosso, Jesus nos ensina a pedir que este reino venha a nós. O Reino de Deus é um dom. Ele está crescendo sempre, todos os dias, até o fim dos tempos.

Deus ama todos os seres humanos. Deus ama muito todas as pessoas. Deus quer que todas as pessoas sejam muito felizes. Jesus nasceu com uma única missão: salvar toda a humanidade. Essa era a vontade de Deus.

Os anjos fazem sempre a vontade de Deus.

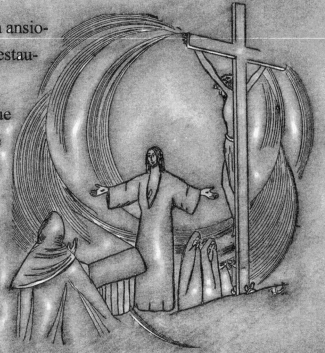

Os animais, as plantas, todas as estrelas do céu, enfim todas as criaturas que existem fazem a vontade de Deus.

Deus deu um grande presente às pessoas: **a liberdade**. Cada um pode escolher, como Jesus, fazer a vontade do Pai e ser feliz. Pode também dizer **não** a Deus.

Quando participamos da Eucaristia, dizemos **sim** a Deus. E, embora sendo muitos, nos tornamos um só corpo com Jesus: a Igreja. Diante do altar, rezamos, cantamos e partilhamos juntos. Somos um com Jesus. Embora diferentes, formamos uma unidade, somos um só Corpo (cf. 1Cor 12,12-13). Por isso podemos rezar juntos o Pai-nosso.

Maria fez a vontade de Deus

Vamos completar

- Numerando a segunda coluna conforme a primeira

(1) Jesus nos ensina ( ) que sejamos felizes.
(2) O que Deus quer é ( ) a vontade de Deus, mas a nossa.
(3) Nem sempre fazemos ( ) dizer sim a Deus no coração e nas atitudes.
(4) Fazer a vontade de Deus significa ( ) a fazer a vontade do Pai, como Ele e Maria fizeram.

Nosso gesto concreto

✱ Assinale com um (X) as alternativas que completam a frase corretamente:

Pertencer ao Reino de Deus significa:

( ) lutar contra a injustiça   ( ) amar e compreender os outros
( ) deixar gente passando fome   ( ) ajudar os que estão perto de mim
( ) respeitar os direitos dos outros ( ) perdoar e ajudar os outros
( ) aproveitar-se da fraqueza dos outros ( ) falar mal dos outros
( ) arrepender-se dos erros   ( ) provocar brigas

Vamos procurar na Bíblia

Para mostrar como nós agimos diante da vontade de Deus, Jesus contou uma parábola. Leia com muita atenção: **Mt 21,28-31a**. Converse com seu colega do lado sobre a atitude dos dois filhos. Pense como você tem se comportado com seus pais e professores.

☆ Diante desta Palavra de Deus, o que você pode fazer?

_____

Gesto litúrgico

○ Escreva como ficou a massa de trigo sem fermento:

_____

○ Escreva como ficou a massa de trigo com fermento:

_____

A massa, para crescer, precisa de espaço. Na massa não há mais só o trigo, só a água ou só o fermento. Ela se tornou uma só coisa. Não dá para separar mais o trigo da água e do fermento. A massa cresce e pode se tornar um saboroso pão, que pode ser repartido e saciar a fome. Todos têm lugar no Reino de Deus. Assim como a massa precisa de espaço para crescer, é preciso dar espaço para que o fermento do Reino de Deus também possa crescer, tirando do coração o velho fermento do preconceito, da indiferença, do ódio, do rancor, da raiva, da inveja, da preguiça, da maldade.

 Vamos responder olhando para a nossa vida:

1) Que tipo de fermento eu tenho sido?

_____

2) Que tipo de fermento eu quero ser?

_____

3) O que posso fazer para que o Reino de Deus cresça como o fermento na massa ou como o grão de mostarda, cada vez mais, perto de mim?

_____

_____

6ª Catequese — COM JESUS PODEMOS DAR E PERDOAR

Sede misericordiosos como vosso Pai é misericordioso (Lc 6,36).

Hoje é dia ____/____/____
Estamos na _____ semana do tempo _____

Vamos ler para saber o que Jesus ensina

Jesus nos ensina a pedir com toda a confiança: **"nos dai hoje"**. Quando pedimos assim, dizemos que acreditamos que Deus é Pai e que Ele é bom, que Ele nos ama e cuida de nós, cada dia.

Para Deus o tempo não existe. É Jesus que nos ensina a pedir o pão para **"hoje"**. Para Deus só existe o **hoje**. Pedimos, com Jesus Ressuscitado, o "Pão Vivo que desceu do céu". Pedimos o alimento da **Palavra de Deus** e o **Corpo de seu Filho**.

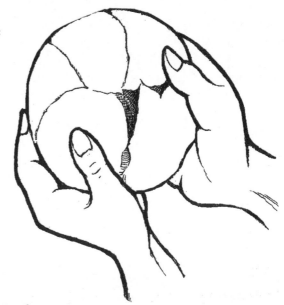

Quando rezamos com Jesus "o pão nosso de cada dia nos dai hoje", estamos pedindo que o Reino de Deus se espalhe como o fermento na massa.

Queremos que Deus ouça a nossa oração e atenda o nosso pedido. Olhando a nossa volta, descobrimos muitas pessoas que não têm **o pão nosso de cada dia**.

Jesus nos ensina também a pedir perdão a Deus e às pessoas que convivem conosco. Muitas vezes não amamos, não respeitamos e ofendemos nossos irmãos. Deus nos perdoa sempre. Somos convidados a perdoar os que nos ofendem.

Jesus nos ensina a olhar com misericórdia os que vivem perto de nós. Jesus pede que evitemos julgar as pessoas.

É muito difícil deixar de julgar os outros.

É difícil não fazer fofoca.

Somente com a ajuda de Deus podemos usar de misericórdia para com o nosso próximo. Na cruz, Jesus disse: "Pai, perdoai, porque eles não sabem o que fazem!" Como Jesus fez, assim devemos procurar fazer.

Vamos procurar na Bíblia

Mt 6,14-15

☆ Qual a condição que Deus coloca para nos perdoar dos nossos erros?
_____
_____

Mt 7,1-2

☆ Como será o julgamento de Deus?
_____
_____

☆ Com que "medida" Deus vai nos medir?
_____
_____

At 2,44-46

☆ De quem este trecho está falando? _____
☆ Onde os primeiros cristãos iam todos os dias? _____
☆ O que faziam na casa? _____
☆ Por que Jesus ensina a pedir "o pão nosso" em vez de "o pão meu".
_____

Vamos conversar

✪ com o nosso colega do lado

Como vivem as pessoas que moram perto de mim? No meu bairro? Em minha cidade? Todos têm trabalho? Como são as suas casas? Como se vestem? Como se alimentam? Onde estudam? Como fazem quando ficam doentes?

Nosso gesto concreto

Quando eu estendo a minha mão, faço um gesto que tem o sentido de partilhar. Posso estar dando algo. Posso estar recebendo alguma coisa de alguém. Quer recebendo, quer dando, o sentimento que deve existir em meu coração é o mesmo: **a humildade**.

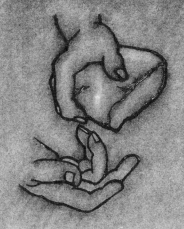

Deus dá os seus dons gratuitamente aos que lhe pedem. Deus não olha o que somos ou o que temos. Assim também devemos fazer. Não exigir nada, nem ao pedir, nem ao dar alguma coisa.

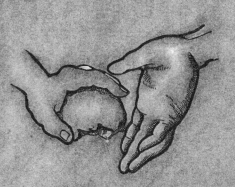

Vamos aprender como podemos rezar

Na Missa, depois da comunhão, fazemos sempre um momento de silêncio; é o silêncio sagrado. É um momento de oração, rezamos agradecendo a bondade e a misericórdia de Deus para conosco, também podemos pedir as graças que necessitamos.

❑ Escreva uma oração pedindo que Deus lhe conceda a graça de receber o "Pão descido do céu" que é Jesus na Eucaristia". Esta oração é a "Comunhão espiritual", reze sempre que puder.

Vamos fazer ☐ um cartaz

Procure na Bíblia e leia com atenção: Jo 6,51

Faça um cartaz com este versículo. Você vai levar o cartaz para casa e vai colocá-lo num lugar bem visível. Cada vez que você olhar para ele, e ler a frase, vai lembrar-se de pedir **"o Pão nosso de cada dia nos dai hoje"** desejando fazer a Primeira Comunhão.

Para guardar no coração e colocar em prática

Senhor, quantas vezes devo perdoar o meu irmão que pecar contra mim? Até sete vezes? Jesus respondeu: "Não te digo até sete, mas até setenta vezes sete" (Mt 18,21-22).

7ª Catequese — JESUS REZA POR NÓS, PARA LIVRAR-NOS DO MAL

Por eles é que eu rogo. Não rogo pelo mundo, mas por aqueles que me deste, porque são teus (Jo 17,9).

Hoje é dia ____/____/____
Estamos na _____ semana do tempo _____

Vamos ler o que nos ensina o Catecismo da Igreja Católica

Os nossos pecados são frutos do consentimento na tentação. Pedimos ao nosso Pai que não nos "deixe cair" nela. Nós lhe pedimos que não nos deixe enveredar pelo caminho que conduz ao pecado... Este pedido implora o Espírito de discernimento e de fortaleza (CaIC, 2846).

Vamos ler e refletir

Jesus, como homem, foi tentado. Deus nos conhece e nos ama como somos. Deus permite que o demônio nos tente. É dessa maneira que Deus nos revela o que existe em nosso coração. Deus é fiel. Deus nos ensina a ser fiéis a Ele. Lembrando o evangelho que narra a TENTAÇÃO DE JESUS, vamos aprender com Ele a vencer a tentação e o demônio. Vamos ler juntos: **Lc 4,1-13**.

Vamos procurar na Bíblia

1Cor 10,13

☆ Qual a medida da tentação que Deus permite a cada um de nós?

_____

_____

Vamos ler 📖 e pesquisar

Os jornais, as revistas, a televisão todos os dias mostram muitas coisas tristes que acontecem no mundo. A morte e o sofrimento existem, são frutos da escolha do ser humano. Deus permite a dor e a tristeza que podem fortalecer a pessoa, porém Deus nos criou para sermos felizes. Deus nos ama.

☆ Vamos procurar nos jornais algumas dessas notícias. Anote a que mais chamou a sua atenção: _____

_____

_____

_____

Jesus nos ensina a pedir que Deus nos livre do mal, do maligno, do demônio que com as tentações pode nos enganar. Quando vamos escolher fazer isto ou aquilo, procuramos escolher o melhor. É esta escolha que Deus vai nos ajudar a fazer, porque podemos estar escolhendo algo que pensamos ser o "melhor naquele momento", mas não é.

Por exemplo: tenho que estudar, mas há um filme que eu gostaria de assistir. O que é o melhor? _____

☆ O que vai acontecer se eu escolher estudar? _____

☆ E se eu escolher o filme? _____

☆ Qual é a tentação? _____

Vamos debater

Com o colega que está perto de você converse:

1) Sobre as notícias do jornal que chamou a sua atenção

2) Sobre as tentações que você percebe em sua vida

3) Sobre o que você pode fazer para vencer a situação de dor e tristeza que está perto de cada um de nós

4) Escreva um gesto concreto que você descobriu com o seu colega:

_____

5) Escreva, nas setas, de que "mal" estamos querendo que Deus nos proteja quando rezamos **"livrai-nos do mal"**.

Complete escrevendo nos quadrinhos toda a oração do sinal da cruz, e ligue cada parte da oração ao local onde deve ser traçado o sinal da cruz

Pense e responda

◆ Em que momentos fazemos o sinal da cruz quando estamos celebrando a Eucaristia?

_____

_____

Para ler, aprender e viver

A água-benta

Algumas pessoas ou coisas são destinadas unicamente ao serviço de Deus recebendo, para isso uma bênção especial da Igreja: dizemos que elas são **consagradas**.

Por exemplo: a igreja, o altar, os cálices, as toalhas do altar, velas, imagens e as medalhas.

No Batismo, a água usada recebe uma bênção especial. A bênção e a aspersão com água benta são um **sacramental**, porque, através da Igreja, pede a proteção de Deus para as pessoas que forem abençoadas ou para aqueles que usarem os objetos bentos.

Os sacramentais devem ajudar-nos a viver santamente neste mundo, e já usar das coisas para a glória de Deus e nossa salvação. O auxílio e a força contra o mal vêm de Deus e não dos objetos bentos. Os cristãos podem e devem abençoar.

Os pais podem abençoar os filhos quando se levantam ou se deitam; quando saem de casa; nas doenças, em momentos importantes ou difíceis. Os filhos devem pedir que seus pais os abençoem quando sentirem medo, tristeza, em alguma dificuldade, ou quando forem sair. É bom costume dizerem: "A bênção, pai"! "A bênção, mãe"! Os pais respondem: "Deus o abençoe, filho(a)"! Também podemos abençoar a nós mesmos fazendo o sinal da cruz toda vez que estivermos em perigo, em dificuldade, tristes, doentes, sozinhos, e com certeza Deus nos ajudará.

Leia o texto da página anterior, A água-benta, e responda:

1) Quem pode abençoar?

_____

2) O que pode ser abençoado?

_____

3) Você tem uma medalhinha benta. De onde vem a proteção: da medalha ou de Deus?____

_____

8ª Catequese
COMO TUDO COMEÇOU: "...NO PRINCÍPIO..."

E Deus viu que tudo era muito bom (Gn 1,31).

Hoje é dia ____/____/____
Estamos na _____ semana do tempo _____

Vamos ler para conhecer a História da Salvação

Vem, Senhor Jesus
Ap 22,21

...no princípio...
Gn 1,1

"Deus fez o céu e a terra, o mar e tudo quanto neles existe", rezam os salmos (Sl 146 (145),6). "Tudo o que Deus fez é muito bom", afirma várias vezes o livro do Gênesis (1,10). Deus deu aos seres humanos todas as coisas que Ele criou. Deus abençoou o homem e a mulher e disse: "Crescei e multiplicai-vos e dominai a terra" (Gn 1,28s.). As explicações da Bíblia sobre a criação têm a finalidade de colocar Deus como o "princípio" único de todas as coisas criadas. Os seres humanos, através de seus estudos, vêm desvendando os mistérios das coisas e da vida na Terra e no universo. E realizam o que Deus mandou fazer: "dominai a terra".

O autor da narração da criação do mundo conclui contando que Deus descansou no sétimo dia. Descansar é ser livre. Livre é aquele que sabe fazer as coisas na hora certa. Somos convidados a repousar no Senhor. Repousar no Senhor é saber partilhar com todos os homens a nossa vida e o fruto do nosso trabalho, no amor.

Vamos confirmar na Bíblia, lendo: Jr 27,5.

✩ Quem fez todas as coisas? _____

✩ Para quem Deus deu as coisas que Ele criou "com sua grande força e braço estendido"?
_____

✩ Deus dá as coisas a quem Ele quer. Que "coisas" Deus deu para você?
_____

✩ O que é mais belo para você? _____
✩ De que você gosta mais? _____
✩ O que é mais útil? _____
✩ O que você mais deseja? _____
✩ O que você mudaria? _____

Vamos refletir juntos: a glória de Deus e grandeza do ser humano

☼ Leia com atenção o **Salmo 8**

Senhor, nosso soberano, como é grandioso teu nome em toda a terra!

O hino à tua majestade, acima dos céus,

na boca das crianças e dos pequeninos,

Quando contemplo o céu,

obra de teus dedos,

a lua e as estrelas que fixaste,

o que é um mortal

para que te lembres dele,

o ser humano, para que com ele te ocupes?

Tu o fizeste um pouco inferior a um ser divino,

tu o coroaste de glória e esplendor;

deste-lhe o domínio sobre as obras de tuas mãos,

tudo lhe submeteste debaixo dos pés:

Nele tudo foi criado
Cl. 1,16

Vamos responder

1) Qual foi a missão que Deus deu ao ser humano?
___
___

2) Como a pessoa pode realizar o que Deus espera dela?
___
___

3) Você é responsável pelo mundo criado?
___

4) O que você pode fazer para que o mundo seja como Deus o criou?
___
___

Nosso gesto concreto

Deus descansou no sétimo dia. Jesus ressuscitou no primeiro dia da semana, no domingo, que além de ser o primeiro dia, é também "o oitavo dia". São Basílio explica este dia como sendo o "dia sem fim", o único que virá após esse tempo que estamos vivendo, onde não haverá nem tarde, nem manhã. Santo Agostinho diz que é o dia da "paz tranquila", o dia que não tem tarde.

✹ Como viver o domingo, "o oitavo dia da criação", no "repouso do Senhor"?
___

✹ Como preservar a natureza criada por Deus e que foi dada para nosso uso?

✹ Desenhe ao lado da figura de Jesus – que também está perto do Salmo 8 –, de todas as coisas criadas, as de que você mais gosta.

Nele tudo foi criado
Cl 1,16

38

9ª Catequese	DEUS CHAMA O SER HUMANO PARA O AMOR

DEUS CHAMA O SER HUMANO PARA O AMOR

ABRAÃO ACREDITA EM DEUS

Sai da tua terra, da casa de teu pai, e vai para o lugar que te mostrarei. Farei de ti uma grande nação (Gn 12,1-2).

Hoje é dia ____ / ____ / ____

Estamos na _____ semana do tempo _____

Vamos ler para conhecer a História da Salvação

> Sai da tua terra, da casa de teu pai, e vai para o lugar que te mostrarei. Farei de ti uma grande nação.

Deus criou o mundo e colocou nele o ser humano. A ele, Deus deu a missão de dominar e povoar o mundo. Muito tempo se passou. Muitas coisas aconteceram. Chegou o tempo de Deus se mostrar aos seres humanos, para que eles o conhecessem.

Havia um homem em Ur, Abrão. Deus o chama de um povo, que servia outros deuses. Deus lhe indica um caminho novo, para que ele experimente o seu amor. Com Abrão Deus é muito generoso e lhe faz promessas grandiosas e lhe diz: "Já não te chamarás mais Abrão, mas teu nome será Abraão" (Gn 17,5).

Abraão acredita em Deus e segue os seus caminhos.

Abraão foi chamado o **Pai da Fé.** O Profeta Isaías diz que ele é o pai de todos os que estão à procura da justiça e buscam a Deus.

Vamos procurar na Bíblia

☆ **Ler Is 51,1-2 e descobrir o que Isaías fala de Abraão**

Iluminando a nossa vida

Abraão acreditou em Deus, pôs nele toda a sua confiança. Mesmo nos acontecimentos difíceis, Abraão sabia que Deus estava com ele. Como, hoje, alguém pode mostrar que tem confiança em Deus, que acredita em Deus, arriscando a vida como fez Abraão? Converse sobre isto com um colega perto de você.

Dê exemplos concretos de pessoas que você conhece, que moram na sua cidade ou bairro e que acreditam em Deus.

_____

_____

_____

_____

_____

Encontrando respostas na Bíblia

☆ **Procure Gl 3,6-9, leia com atenção e responda:**

Abraão acreditou. Abraão teve fé.   ( ) SIM   ( ) NÃO

Em Abraão, Deus nos abençoa, hoje?   ( ) SIM   ( ) NÃO

Deus se comunica também conosco, hoje?   ( ) SIM   ( ) NÃO

Passando para a vida

Deus chamou Abraão e lhe disse o que fazer. Abraão ouviu o chamado de Deus e fez o que lhe fora ordenado.

○ Deus fala conosco, hoje? _____

○ Como Deus fala o que quer de nós? _____

_____

_____

Deus chamou Abraão. O mesmo acontece conosco. Deus está presente em nossa vida. Ele nos chama e nos dá uma missão: "Vai para a terra que eu te indicar". Precisamos estar atentos aos acontecimentos de cada dia. É aí que Deus fala, que Deus se manifesta. Deus está presente nas coisas boas que nos acontecem e nas dificuldades também.

Vamos aprender, brincando de amarelinha

Pinte com cores bem alegres as "casas" nas quais está escrito o que é necessário para que andemos no mesmo caminho de Abraão.

Evite as "casas" traiçoeiras que nos impedem de viver a aliança com Deus, e que nos deixam nas trevas.

Pinte uma "pedra" na casa da atitude positiva que você vai procurar praticar esta semana.

Você pode montar a sua "amarelinha" em casa ou na escola, para brincar com seus amigos: com um pedaço de giz, riscar no chão a amarelinha e colocar nas "casas" as atitudes que nos levam a amar a Deus e ao próximo e as atitudes que nos afastam de Deus e do próximo. Você vai tentar jogar a "pedra" numa boa atitude. Se errar, você perde a vez. Você não pode pisar na "casa" onde estão as atitudes que nos afastam de Deus e do próximo. Ganha quem jogar a pedra em todas as boas atitudes, pulando, em cada vez, somente nas atitudes positivas. Você pode descobrir sempre novas boas atitudes para praticar, e novas atitudes negativas para evitar.

> Pular a amarelinha vai se tornar mais interessante conforme a colocação das atitudes positivas ou negativas, nas "casas".

41

10ª Catequese
DEUS FAZ UMA ALIANÇA COM ABRAÃO

Eu sou o Deus Todo-Poderoso. Anda em minha presença e sê perfeito; quero estabelecer contigo minha aliança e multiplicar sem limites a tua descendência (Gn 17,1b-2).

Hoje é dia ____/____/____
Estamos na _____ semana do tempo _____

Vamos ler para conhecer a História da Salvação

Deus chamou Abraão para fazer uma aliança com ele. Deus promete a Abraão uma terra e uma descendência mais numerosa que as estrelas do céu e mais numerosa que os grãos de areia da praia. Deus diz que Abraão seria Pai de numerosas nações.

Como sinal desta aliança, desse contrato, Deus muda o nome de Abrão para Abraão e de Sarai, sua mulher, para Sara.

Deus dá para Abraão um sinal dessa aliança. Deus manda que no oitavo dia do nascimento de um filho homem ele seja "circuncidado". A circuncisão passa a ser um sinal da Aliança de Deus com o seu povo, feito na carne.

Vamos responder

1) O que é fazer uma aliança? _____
_____
2) Quem faz aliança? _____
_____
3) Como se faz uma aliança? _____
_____
4) Que sinais concretos se usam para fazer a aliança? _____
_____

42

Vamos pesquisar

Ler Gn 17,1-2

❀ Quem Deus diz que é? _____

_____

_____

_____

_____

❀ O que Ele pede para Abraão? _____

_____

_____

_____

_____

❀ O que Deus promete para Abraão? _____

_____

_____

_____

_____

Ler Gn 17,4-5

❀ O que Deus queria de Abraão? _____

_____

_____

_____

_____

❀ Como foi a aliança que Deus fez com Abraão: _____

_____

_____

_____

_____

Nosso gesto concreto

A história de Abraão é a história de um homem que tem fé e segue o caminho que Deus lhe indica.

★ Escolha, das palavras abaixo, aquelas que indicam atitudes necessárias, gestos concretos, que você vai procurar fazer todos os dias, para poder seguir o caminho que Deus indica. Escreva as que você escolheu, nas setas.

> Roupas – riquezas – decisão – medo – pratos – alegria – desânimo – tristeza – coragem – ânimo – confiança – raiva – fidelidade – racismo – misericórdia – mal – desordem – comida – brigas – partilha – desobediência – obediência – amor – perdão – fofoca – fé – oração – inveja – desunião – serviço – esmola

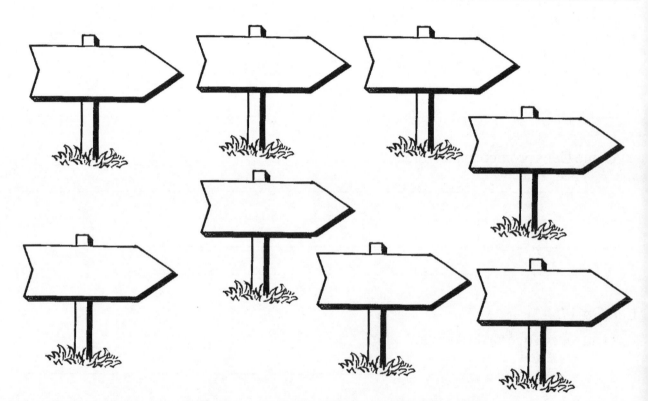

Jesus cumpre a Aliança que fez com Abraão

Na última ceia, Jesus tomou o pão e o partiu e o deu aos seus discípulos. O pão que Jesus repartiu é o seu corpo. Jesus realizou este gesto, na última ceia, antes de morrer. Só Jesus pode cumprir a aliança que Deus fez com Abraão. Pelo Batismo nós participamos com Jesus dessa Nova Aliança. Na Eucaristia, repetimos este gesto de Jesus. Por isso, a Eucaristia é o MEMORIAL do sacrifício de Jesus.

Vamos procurar prestar atenção, durante a Missa, no momento da CONSAGRAÇÃO. O gesto do celebrante é o mesmo de Jesus.

Estando para ser entregue e abraçando livremente a sua paixão, Jesus tomou o pão, deu graças, e o partiu e deu a seus discípulos.

11ª Catequese — ISAAC, SINAL DO AMOR E DA MISERICÓRDIA DE DEUS

Abraão, Abraão! Toma teu filho, teu único filho a quem tanto amas, Isaac, e vai para a terra de Moriá, onde tu o oferecerás em holocausto sobre um dos montes que eu te indicar (Gn 22,2).

Hoje é dia _____ / _____ / _____

Estamos na _____ semana do tempo _____

Vamos ler para conhecer a História da Salvação

Deus concedeu a Abraão o que ele mais queria: um filho. Com que carinho e amor Abraão criou e educou Isaac!

Os povos que moravam perto de Abraão tinham o costume de oferecer aos seus deuses sacrifícios de animais e também de pessoas.

Abraão acreditou em Deus. Deus havia cumprido o que havia prometido. Para provar Abraão, Deus pediu que Abraão sacrificasse seu único filho, seu filho muito amado. Era preciso que Abraão percebesse o quanto era importante acreditar em Deus. Abraão obedeceu, e foi ao Monte Moriá realizar o sacrifício. Muitas vezes não compreendemos os acontecimentos de nossa vida, achamos que Deus está nos castigando. O sofrimento serve para nos mostrar quem somos e como estamos vivendo a nossa fé em Deus.

Isaac é figura de Jesus. Ele carregou a lenha do sacrifício; Jesus carregou a cruz até o Calvário. Deus poupou Isaac, mas não poupou Jesus, seu Filho único, que morreu para que todos os seres humanos fossem salvos. Deus é bom. Deus ama todas as pessoas.

Jesus nos deixou a Eucaristia, que é "memorial" de seu sacrifício na cruz.

Vamos ler com atenção e responder

Abraão acreditou em Deus.

Abraão obedeceu a Deus.

Abraão ia sacrificar seu filho único e muito amado.

Durante a celebração da Missa, Jesus oferece no altar um sacrifício em nosso nome para Deus.

1) O que é fazer um sacrifício? _____
_____

2) Como podemos fazer sacrifício? _____
_____

3) Para que serve o sacrifício? _____
_____

4) Qual é o sacrifício que Deus quer de nós? _____
_____

5) O que podemos sacrificar para Deus, como fez Abraão?
_____
_____

Nosso gesto concreto

★ Leia com atenção este trecho tirado do livro do Profeta Oseias 6,6.

> "Porque eu quero o amor mais que o sacrifício.
> E o conhecimento de Deus mais que os holocaustos".

★ Procure na Bíblia Mt 5,23-24 e complete o texto abaixo:

"Portanto, se estiveres diante do _____ para apresentar tua _____ e ali te lembrares de que teu _____ tem alguma coisa contra ti, deixa tua _____ lá diante do _____, vai primeiro reconciliar-te com teu _____ e então volta para apresentar a tua _____".

Liturgia na vida

○ Leia com atenção o trecho anterior e procure lembrar-se em que parte da Eucaristia nós fazemos a nossa oferta: _____

_____

○ O que devemos fazer, antes de apresentar nossa oferta: _____

_____

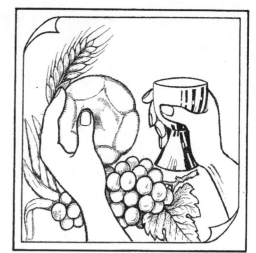

○ O que nós apresentamos no ofertório?

_____

*A*braão ofereceu a Deus seu filho Isaac. Jesus, na cruz, se ofereceu ao Pai por nós. As ofertas de pão e vinho foram escolhidas por Jesus na última ceia. A Igreja faz o que Jesus ensinou e oferece o pão e o vinho para Deus. Neste momento nós cantamos um cântico de ofertório e levamos em procissão as ofertas ao altar.

No ofertório, o sacerdote reza oferecendo o pão:

> "Bendito sejais, Senhor Deus do universo, pelo pão que recebemos da vossa bondade, fruto da terra e do trabalho do homem, que agora vos apresentamos, e para nós se vai tornar pão da vida".

Todos nós respondemos:

BENDITO SEJA DEUS PARA SEMPRE!

Depois o sacerdote reza oferecendo o vinho:

> "Bendito sejais, Senhor Deus do universo, pelo vinho que recebemos da vossa bondade, fruto da videira e do trabalho do homem, que agora vos apresentamos e para nós se vai tornar vinho da salvação".

Todos nós respondemos:

BENDITO SEJA DEUS PARA SEMPRE!

Encerrando a Oração do Ofertório, o sacerdote diz:

Orai, irmãos, para que o nosso sacrifício seja aceito por Deus Pai Todo-Poderoso.

• Copie do quadro de giz ou do cartaz a resposta a este pedido:

12ª Catequese — DEUS É GLORIFICADO EM SUA OBRA
JACÓ É ESCOLHIDO

> Eles santificarão o Santo de Jacó e temerão o Deus de Israel (Is 29,23b).

Hoje é dia ____/____/____
Estamos na _____ semana do tempo _____

Vamos ler para conhecer a História da Salvação

Isaac teve dois filhos: Esaú e Jacó. Muitas vezes os projetos de Deus não são iguais aos projetos dos homens.

Deus chamou e escolheu Jacó para uma missão especial, e Jacó disse sim a Deus e foi abençoado por Isaac.

Quando Deus chamou e abençoou Abraão, Deus escolheu e chamou um povo. As promessas que Deus faz ao seu eleito não são promessas pessoais. Deus, quando abençoa Abraão, Isaac e Jacó, abençoa um povo – o POVO ESCOLHIDO, o Povo de Deus.

Jacó é abençoado por Isaac. Jacó recebeu de Isaac todas as bênçãos de Deus: – a promessa que Deus fez a Abraão: "Serás pai de uma grande nação"; – a promessa da prosperidade e riquezas; – a promessa do poder sobre os irmãos, povos e servos (cf. Gn 27).

Deus não faz distinção de pessoas. As pessoas são livres para dizer "sim" ao chamado de Deus.

Vamos ler e responder

Jacó foi abençoado por Isaac. Deus abençoa todas as pessoas. Deus escolhe algumas para uma missão especial, como escolheu Jacó. Jacó aceitou a missão que Deus lhe deu.

1) Você sente o chamado de Deus? _____

2) Como você vai responder ao chamado que Deus lhe faz? _____
_____
_____

3) Deus não olha a aparência, mas vê o coração. Escreva nos corações as atitudes que nos ajudam a realizar a missão que Deus nos dá:

Vamos ver, através do espelho, com os olhos de Deus

Deus escolheu Jacó e o abençoou. Deus nos escolhe e nos abençoa. A bênção de Deus para nós se manifesta pelos dons que Deus nos dá.

Escreva nos "espelhos" alguns dos presentes que Deus deu a você:

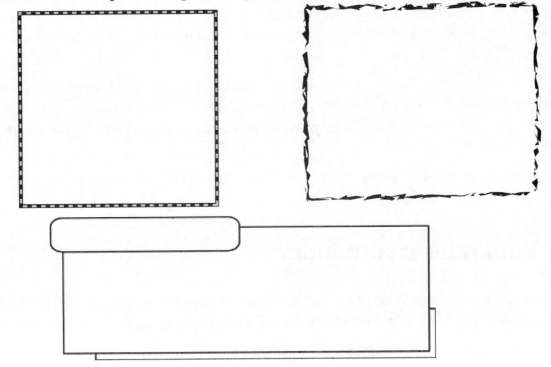

Vamos memorizar

Cole aqui a Glória que rezamos nas Celebrações da Eucaristia

A Igreja nos ensina uma fórmula mais simplificada para bendizer a Deus:

> *Glória ao Pai, ao Filho e ao Espírito Santo. Como era no princípio, agora e sempre. Amém!*

Faça você uma oração louvando a Deus e bendizendo-o pelos dons que Ele lhe deu:

13ª Catequese — JACÓ É FORTE COM DEUS: TORNA-SE PAI DAS 12 TRIBOS DE ISRAEL

> É por amor de meu servo Jacó e a meu eleito Israel que te chamei pelo teu nome. Eu te cingi, quando ainda não me conhecias, a fim de que saibas, do levante ao poente, que nada há fora de mim (Is 45,4.6).

Hoje é dia _____ /_____ /_____

Estamos na _____ semana do tempo _____

Vamos ler para conhecer a História da Salvação

"É por amor de meu servo Jacó e a meu eleito Israel, que te chamei pelo teu nome. Eu te cingi, quando ainda não me conhecias, a fim de que saibas, do levante ao poente, que nada há fora de mim". Fala Deus ao Profeta Isaías, muitos séculos depois da história de Jacó.

Deus amou Jacó. Deus escolheu Jacó. Deus aos poucos foi ensinando a Jacó os seus caminhos. Deus educa, através dos acontecimentos. Jacó precisou ficar só para perceber que Deus era o criador de todas as coisas. Jacó ficou só e pôde perceber todas as coisas erradas que fez para Esaú e Labão. Jacó ficou só, o anjo de Deus lutou com ele, e Jacó foi transformado. Já não era mais Jacó, mas Israel, ele era forte com Deus e torna-se o Pai das 12 tribos de Israel.

Vamos refletir

Deus escolhe a cada um de nós como escolheu Jacó e como escolheu Isaías. Deus nos ama muito e quer que o conheçamos. Por isso nos trouxe para a sua Igreja, para este tempo de catequese.

❀ Em todo este tempo de catequese, qual Palavra de Deus que você se lembra e que está em seu coração, e que você tem procurado viver?

_____

❀ Qual foi a catequese de que você mais gostou?

_____

Vamos procurar na Bíblia: Gn 32,23-33

1) Leia os versículos 23 a 25 e responda:

☆ O que quer dizer "Jacó ficou só".

_____

_____

_____

2) Leia agora o versículo 27.

☆ O que fez Jacó?

_____

_____

_____

3) No versículo 28, depois que Jacó lutou com o "anjo de Deus", seu nome foi mudado. Isto quer dizer que Jacó mudou o seu modo de viver, de fazer as coisas. Durante este tempo de catequese você aprendeu muitas coisas. O que você fazia e agora faz diferente, porque agora você ouviu a Palavra de Deus?

_____

_____

_____

Vamos iluminar a nossa vida

1) Você já se sentiu como Jacó: **"eu estou só".** (sem ninguém, com medo, em dificuldades?)

_____

2) O que você fez?

_____

_____

_____

_____

Liturgia na vida

Deus marcou Jacó na articulação da coxa. Deus agiu assim para mostrar que Deus é Criador e Todo-Poderoso. Jacó é uma criatura. Nós somos criaturas de Deus. Quando fomos batizados recebemos um sinal, um "selo" de Deus. Este selo permanecerá para sempre em nós.

○ Que sinal é este?

_____

○ Vamos escrever a oração que rezamos quando fazemos o sinal da cruz:

"Em nome do _____ e do _____ e do _____.

○ Quando podemos e devemos fazer o sinal da cruz?

_____

_____

○ Complete escrevendo a outra fórmula do sinal da cruz:

"Pelo sinal da Santa Cruz _____

_____

_____

_____

○ Desenhe o sinal da cruz no quadro.

Nosso gesto concreto

Deus escolheu cada um para uma missão. Escolheu Abraão, Isaac e Jacó. Escolheu você e seu amigo, seu colega, seu catequista. Deus ama cada um de modo especial. Os dons que Deus tem nos dado são para que cada um use estes dons para ajudar os outros.

✶ Que coisas precisam ser melhoradas na sua família, na escola ou onde você mora?

_____

_____

_____

✶ O que você pode fazer para mudar essa situação?

_____

_____

_____

14ª Catequese — UM CLAMOR SOBE AOS CÉUS: O POVO DE DEUS É ESCRAVO

> Ele chamou a fome sobre a terra e cortou todo bastão de pão; enviou um homem à sua frente: José vendido como escravo (Sl 105,16-17).

Hoje é dia ____/____/____
Estamos na _____ semana do tempo _____

Vamos ler para conhecer a História da Salvação

José foi vendido por seus irmãos e foi levado para o Egito como escravo. Os irmãos de José agiram mal. A inveja, o ciúme, a fofoca, o ódio, a ganância são sentimentos que nos levam a "oprimir" os que estão perto de nós. Mas Deus pode fazer o bem surgir até de um ato ruim.

José, um homem bom, que sofreu injustiças, sempre confiou em Deus, enfrentou as dificuldades, sem se desesperar, procurando usar bem os dons que Deus lhe deu. Perdoou seus irmãos, ajudou os que viviam perto dele e ajudou a seus irmãos.

O AMOR FOI MAIS FORTE. José colocou os dons que Deus lhe deu a serviço dos que viviam perto dele. JOSÉ CUMPRIU A SUA MISSÃO.

Deus ensina as pessoas, fazendo com que elas sintam na vida os acontecimentos: uma briga familiar provocada pelo ciúme dos irmãos foi o início do agrupamento dos descendentes de Abraão como povo. É no Egi-

to que a promessa que Deus fez a Abraão vai se concretizar. No Egito, os descendentes de Abraão se tornam tão numerosos que causam medo ao faraó e seu povo. Por isso, a escravidão do povo. Deus não quer a opressão nem do ser humano, nem de um povo. Deus quer que as pessoas se amem, que sejam livres.

Iluminando a nossa vida

José soube reconhecer que Deus lhe havia dado um dom. O dom de interpretar sonhos. José usou bem este dom. Com sua atitude, as coisas mudaram para ele e para os que estavam ao seu redor.

Todos nós recebemos dons de Deus.

Dons são presentes que Deus nos dá. Os dons devem servir para o nosso bem e para ajudar os que estão perto de nós.

• Embrulhe os pacotes, você pode colar papel e fita se quiser, ou pintar. Escreva neles alguns dons que Deus deu a você:

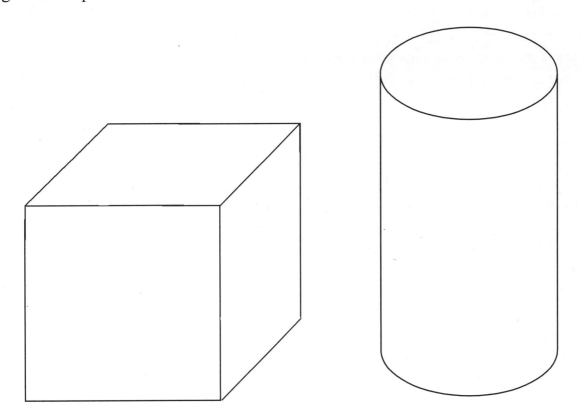

57

• Desenhe outros elos da corrente. Escreva, dentro deles, atitudes que oprimem as pessoas, e, fora, as atitudes que podem libertar as pessoas, como no exemplo.

Vivendo a liturgia

Em sua primeira carta a Timóteo, capítulo 2 e versículo 8, São Paulo escreve: "Quero, portanto, que os homens rezem em todo lugar, erguendo mãos santas, sem ira e sem discussão".

○ O que é ter mãos santas?
_____
_____

○ Durante a celebração da Missa, quando podemos erguer as mãos para orar?
_____

○ A **Quaresma** é um tempo favorável de conversão. Todo ano, a Igreja nos pede para refletir sobre um tema que nos ajudará a viver melhor. Neste ano:
• O tema da Campanha da Fraternidade é _____
• O lema da Campanha da Fraternidade é _____
_____

Nosso gesto concreto

★ Como posso fazer para tornar um pouco melhor a vida dos que convivem comigo?
_____
_____
_____

15ª Catequese

DEUS LIBERTA O SEU POVO
MOISÉS

> Eu vi, eu vi a miséria do meu povo que está no Egito.
> Ouvi o seu clamor por causa dos seus opressores;
> pois eu conheço as suas angústias (Ex 3,7).

Hoje é dia ____/____/____
Estamos na _____ semana do tempo _____

Vamos ler para conhecer a História da Salvação

No Egito, o povo hebreu cresceu e se multiplicou, prosperava e era abençoado por Deus.

O povo do Egito e seu novo faraó esqueceram-se dos feitos de José. Tiveram medo de que este povo pudesse dominá-los, por isso resolveram fazer deles seus escravos.

O povo de Israel foi obrigado a amassar argila e palha para fazer tijolos, e com eles construíram cidades para os egípcios.

A mãe de Moisés, da tribo de Levi, deixou-o, recém-nascido, num cesto entre os juncos do Nilo, com medo dos soldados do faraó, que matavam os meninos hebreus. A filha do faraó encontrou o menino e criou-o como seu filho.

Moisés cresceu e **viu** o sofrimento do seu povo e **ouviu** o seu grito de dor. Matou um egípcio que maltratava um hebreu, e fugiu para o deserto.

Deus já estava preparando Moisés desde o seu nascimento para libertar seu povo da escravidão. Deus fala com Moisés numa sarça ardente. Deus chama Moisés para uma missão: **salvar o povo de Israel da escravidão do Egito.** Deus ouve o grito de seu povo. Deus vê o seu sofrimento.

Vamos 📖 pesquisar na Bíblia

Ler Sl 77(76),21:

✿ Quem guiou o povo de Israel? _____

✿ Como Deus guiou o seu povo? _____

Ler At 7,30-36 e responder:

✿ Como Deus se apresenta a Moisés? (procure no versículo 32)

_____

✿ O que Deus viu?

_____

✿ O que Deus ouviu?

_____

✿ Qual foi a missão de Moisés?

_____

Iluminando a nossa vida

Hoje, somos chamados por Deus para uma missão. Hoje Deus ouve o grito de seu povo. Deus vê o seu sofrimento. HOJE, DEUS PRECISA DE CADA UM DE NÓS PARA SALVAR O HOMEM; aquele que está perto de nós.

Converse com seu colega do lado e escreva o que descobriram:

• Como vivem as pessoas hoje?

_____
_____
_____
_____

• Todas as pessoas que vivem perto de nós são livres e vivem felizes?

_____
_____

• Por quê?

_____

_____

_____

_____

• Faça um círculo colorido em volta das atitudes que ajudam as pessoas a se libertar:

amor   preguiça   coragem   medo   união   ódio

vontade   desânimo   esforço   egoísmo   esperança

ajuda   mútua   fofoca   participação   inveja   partilha

Nosso gesto concreto

Pense e responda

★ Você está atento(a) aos "gritos" dos que estão próximos (seus pais, irmãos, vizinhos, colegas) de você? _____

★ O que os "gritos" dizem?

_____

_____

★ O que está impedindo que você ouça e veja as necessidades dos que estão próximos?

_____

_____

★ O que você pode fazer para se libertar dos sentimentos que o(a) escravizam?

_____

_____

Vamos ♥ memorizar

"Eu vi perfeitamente a aflição do meu povo no Egito, ouvi os seus gemidos e desci para livrá-lo. Agora vem, porque eu te envio ao Egito (At 7,34).

16ª Catequese — DEUS FAZ PÁSCOA COM O SEU POVO

Agora verás o que hei de fazer ao faraó, pois é pela intervenção de mão poderosa que os fará partir, e por mão poderosa os expulsará do seu país (Ex 6,1).

Hoje é dia ____/____/____
Estamos na _____ semana do tempo _____

Vamos ler para conhecer a História da Salvação

Moisés recebeu de Deus a missão de libertar o povo hebreu do Egito. Com seu irmão Aarão foi conversar com o faraó do Egito e pediu-lhe que libertasse Israel da escravidão. Moisés fez os sinais com o seu cajado, conforme Deus lhe ordenara.

O faraó não acreditou em Moisés e ordenou que dessem mais trabalho aos hebreus, que se revoltaram e murmuraram contra Moisés e contra Deus.

Deus, ouvindo o clamor de seu povo, prometeu que o libertaria "com mão poderosa". Deus puniu o faraó e seu povo com terríveis castigos. O povo hebreu foi expulso do Egito e recebeu de seus opressores muitos presentes: ouro, prata, trigo, rebanhos. Moisés conduziu o povo pelos caminhos indicados por Deus até perto do Mar Vermelho. Durante o dia, uma imensa **nuvem** branca e brilhante seguia na frente, e, à noite, uma **coluna de fogo.**

Vamos 📖 pesquisar na Bíblia

1) Hb 11,23-29

☆ De quem falam estes versículos? _____

☆ Podemos ler, na Carta aos Hebreus, que, em todos os acontecimentos de sua vida, Moisés foi obediente a Deus, porque ele tinha _____, isto é, porque Moisés **acreditou** no Deus de seus pais, no Deus de Abraão, no Deus de Isaac e no Deus de Jacó.

☆ Nestes versículos da Carta aos Hebreus lemos que, **pela fé**, Moisés:

• depois que nasceu, ficou _____

• na idade adulta, renunciou a ser filho da filha do faraó e preferiu ser _____

_____

• deixou o Egito e _____

2) Sb 10,15-17

• A qual povo estes versículos se referem? _____

• Qual é a nação opressora? _____

• Quais os sinais da presença de Deus que o **povo livre** via?

Durante o dia: _____

Durante a noite: _____

Vamos ✏ desenhar

❖ Os sinais que acompanharam o povo hebreu durante a sua libertação do Egito:

durante o dia	durante à noite

Liturgia na vida

○ Em que parte da Eucaristia você pode perceber que Jesus está presente no nosso meio.

___

Iluminando a nossa vida

Conforme o exemplo:

• Escreva no primeiro quadro que atitudes podem nos escravizar.

• O que podemos fazer, concretamente, para nos libertar dessas atitudes que nos escravizam?

ATITUDES QUE NOS ESCRAVIZAM	O QUE FAZER
Ficar com raiva	Prestar atenção quando mexem comigo

Nosso compromisso

Procure observar nesta semana os sinais da presença de Deus em nosso meio, hoje.

17ª Catequese — UM POVO A CAMINHO

> Iahweh nosso Deus não concluiu esta Aliança com nossos pais, mas conosco, nós que estamos hoje aqui, todos vivos (Dt 5,3).

Hoje é dia ____/____/____
Estamos na _____ semana do tempo _____

Vamos ler para conhecer a História da Salvação

Deus conduziu o seu povo pelo deserto até o Monte Sinai.

O caminho era árido e pedregoso, a caminhada era dura e cansativa. Os alimentos que haviam trazido do Egito estavam se esgotando. Faltava água, o povo se esqueceu das obras de Deus, e, lembrando-se dos alimentos que tinha no Egito, começou a murmurar contra Deus e contra Moisés.

Para alimentá-lo deu-lhe o maná e as codornizes, e tirou da rocha a água para saciar a sua sede.

Deus **conduz** o povo de Israel pelo deserto e está presente no meio dele.

Deus **educa** seu povo determinando as condições de como recolher o maná: uma vez por dia, uma medida por pessoa, exceto na véspera do sábado, pois o povo deverá respeitar o repouso sabático.

Deus **prova** Israel com suas prescrições a respeito do maná. O povo deve confiar em Deus e obedecer as suas leis.

A ARCA DA ALIANÇA é um sinal visível do pacto que Deus fez com seu povo. Na ARCA estavam guardadas as duas Tábuas da Lei. A Arca era guardada na TENDA, que era sinal do Templo que seria construído no futuro.

Vamos recordar

Marque as frases com **V** se for verdadeira, ou **F**, se for falsa

( ) Israel sempre viveu na paz e na prosperidade.

( ) José foi para o Egito, e na época da fome chamou os seus familiares para morarem com ele.

( ) O povo hebreu se multiplicou e foi feito escravo dos egípcios.

( ) Moisés recebeu de Deus a missão de libertar seu povo do Egito.

( ) Deus faz tudo sozinho. Ele não confia nos seres humanos.

( ) Moisés ouvia o que Deus falava, e obedecia.

( ) Deus caminhava com o seu povo protegendo-o durante o dia e durante a noite, deu-lhe o maná, as codornizes e água no deserto.

( ) Deus fez a aliança com o seu povo no Monte Sinai.

( ) Deus mudou o nome de Jacó para Israel.

( ) Deus não alimentou o seu povo, no deserto.

( ) Deus não liberta mais ninguém.

( ) No deserto, Deus conduziu, educou e provou o seu povo.

( ) A história do povo de Israel é a nossa história. Deus nos conduz, nos educa e nos prova, para sermos um povo santo, que caminha conforme a sua vontade.

Vamos pesquisar na Bíblia

1) Dt 30,14

☆ Onde está a Palavra? _____

☆ Para que serve a Palavra? _____

2) Jo 1,17

☆ Por quem foi dada a Lei? _____

☆ O que nos foi dado por Jesus? _____

Vamos ✎ desenhar

❖ Faça um desenho ilustrando o versículo 9 do Salmo 19(18)

Iluminando a nossa vida

• Complete com o que as pessoas contam de você:

Eu nasci no dia _____ de _____ de _____. Eu era um bebê. Com_____ meses aprendi a engatinhar; com _____ já me levantava e com _____ anos aprendi andar. Entrei na escola com _____ anos. Hoje eu tenho _____ anos e já sei: _____

> Quanta coisa aconteceu com você. Isto quer dizer que você não está parado, você está crescendo, amadurecendo.

• Um símbolo desse crescimento, na nossa liturgia, são as procissões e romarias. Você já participou de alguma? Quais?

_____
_____
_____

• Na celebração da Eucaristia, que gestos nos lembram o "estar a caminho"?

_____

Para ♡ memorizar

1) O que continha a ARCA DA ALIANÇA? _____

_____

2) Onde ficava a Arca da Aliança? _____

3) O que é guardado no SACRÁRIO? _____

4) Para que serve a lamparina acesa perto de um Sacrário? _____

_____

5) Que atitudes devemos ter diante do Sacrário? _____

_____

6) Escreva o nome nos objetos:

_____

_____

Nosso gesto concreto

★ Como posso testemunhar, hoje, que Deus me educa, me conduz e me ama?

_____

_____

_____

_____

_____

_____

_____

18ª Catequese
ISRAEL, O POVO DE DEUS, TEM JUÍZES E REIS

Sê firme e corajoso, porque tu hás de introduzir este povo na posse da terra que jurei a seus pais dar-lhes (Js 1,6).

Hoje é dia ____/____/____
Estamos na _____ semana do tempo _____

Vamos ler para conhecer a História da Salvação

Temos celebrado a História da Salvação. Deus escolheu um povo para si. Deus cuidou desse povo. Conduziu Israel pelo deserto, fez uma Aliança com ele, no Monte Sinai, e o introduziu na Terra Prometida. É um povo simples que cuida da terra. Vivem em pequenas aldeias. Estão unidos, porque acreditam em um único Deus, que os libertou da escravidão do Egito. Estão rodeados de outros povos que acreditam em muitos outros deuses.

Este povo escolhido às vezes se esquece das obras que Deus fez para ele, se esquece da Aliança do Sinai, e começa a procurar outros deuses. Deus envia acontecimentos, como a guerra e a opressão, para que este povo se volte para Ele. Deus suscita homens e mulheres que permaneceram fiéis a Ele para libertarem o seu povo. São os juízes. Alguns juízes como Débora (cf. Jz 4–5); Gedeão (Jz 6–8) e Sansão (Jz 13–16).

Depois de algum tempo, o povo de Israel pediu ao Juiz Samuel que desse a eles um rei, como tinham os outros povos. Samuel, orientado por Deus, ungiu Saul (1Sm 7–10). Saul fez guerra contra aqueles que pilhavam o seu povo, definindo as fronteiras do seu reino (1Sm 14,47-52). Saul não ouviu a Palavra de Deus manifestada por Samuel e foi rejeitado (cf. 1Sm 15). Deus escolhe Davi, que luta contra Golias (cf. 1Sm 17). Davi cometeu muitos erros, porém sempre se voltava novamente para Deus (cf. 2Sm 7). Deus promete uma descendência eterna a Davi (Is 11,1.10; Jr 23,5; Mt 9,27). A tradição considera Davi um grande poeta, atribuindo-lhe a autoria de muitos salmos. Seu filho Salomão o sucedeu no trono. Salomão reinou muitos anos. Foi um período de paz e prosperidade para Israel (cf. 1Rs 3–6.10). Israel teve muitos outros reis.

Vamos recordar

Responda às perguntas com palavras tiradas do "caça-palavras"

E	R	G	H	L	Ç	A	N	B	V	C	N	S	A	U	L	R	M	S	S	C	S
M	S	D	F	E	G	J	K	L	Ç	Ç	V	V	B	N	M	D	O	A	S	S	A
M	A	N	D	A	M	E	N	T	O	S	K	J	H	H	G	G	I	F	D	S	L
Q	W	T	H	R	Z	Z	B	J	V	C	C	X	Z	A	J	D	S	A	A	A	O
Q	S	Q	Q	S	F	S	J	O	S	U	É	R	T	Y	U	I	É	O	O	P	M
W	I	A	S	I	F	I	H	R	J	K	L	J	Ç	K	I	Ç	S	Ç	D	Ç	Ã
Z	N	Z	M	J	P	B	N	D	M	Q	A	Z	X	S	Z	E	D	D	A	C	O
S	A	N	S	Ã	O	B	G	Ã	T	T	S	A	M	U	E	L	Y	Y	V	H	N
T	I	O	O	L	Ç	P	U	O	T	Y	B	F	G	D	S	G	H	S	I	S	S

1) Como era chamado o povo de Deus? _____

2) Quem libertou o povo de Deus? _____

3) Em que monte Deus fez aliança com o seu povo? _____

4) O que Deus deu para o seu povo, como sinal de sua aliança? _____

_____

5) Depois que Moisés morreu, quem conduziu o povo de Deus? _____

6) Qual o rio que o povo de Israel atravessou para chegar à Terra Prometida?

_____

7) Como eram chamados os "heróis" que libertavam Israel depois de Josué? _____

_____

8) Quem foi o juiz que se destacou por ser muito forte? _____

9) Qual foi o juiz e profeta que ungiu o primeiro rei de Israel? _____

10) O nome dos três primeiros reis de Israel. _____

_____

Iluminando a nossa vida

A imposição das mãos é um sinal de escolha e de bênção. Os juízes e os reis do povo de Deus foram ungidos com óleo e foram abençoados pela imposição das mãos.

❑ Procure na Bíblia e leia: Dt 34,9

• O que aconteceu com Josué?

_____

_____

Você sabia...

O papai e a mamãe, ou aqueles que cuidam de você (pode ser o vovô, a vovó, seus padrinhos e tios), podem abençoá-lo também. Quando você se levantar, ou antes de dormir, quando você sair de casa ou quando voltar, peça a bênção a eles. Por intercessão deles, Deus estará com você.

❑ Escreva como você vai pedir a bênção:

_____

_____

_____

Nosso gesto concreto

Procure na Bíblia 1Pd 2,5 e responda:

★ Para São Pedro, o que somos nós?

_____

★ Como podemos ser "pedras vivas" na nossa família, na escola, na comunidade?

_____

_____

19ª Catequese — DEUS FALA PELOS PROFETAS

E tu, menino, serás chamado profeta do Altíssimo! (Lc 1,76).

Hoje é dia ____/____/____
Estamos na _____ semana do tempo _____

Vamos ler para conhecer a História da Salvação

Deus chamou Samuel, quando ele ainda era bem jovem. Samuel aceitou a missão que Deus lhe havia dado. Foi Samuel quem escolheu Saul para ser o primeiro rei do Povo de Israel. Samuel dava sempre bons conselhos para o Rei Saul, porém este não os seguia. Por isso, Deus rejeitou Saul e escolheu Davi, um pastorzinho, para ser o novo rei. Foi Samuel quem ungiu Davi como novo rei de Israel. Este profeta sempre anunciava a vontade de Deus para o rei e para o povo; falava sempre a verdade e denunciava o pecado do povo e do rei.

O profeta fala em nome de Deus; tem a missão de anunciar a vontade de Deus; de denunciar os erros e pecados do povo; de mostrar para o povo quais são os "projetos de Deus".

O profeta anuncia com a sua própria vida, ele deve ser obediente e estar sempre muito unido a Deus pela oração. Os profetas são perseguidos porque falam a verdade e denunciam os erros.

João Batista, primo de Jesus, foi o último profeta do Antigo Testamento.

Para ♡ memorizar

✧ Usando as letras abaixo, escreva o nome de seis profetas que constam na Bíblia. Para ajudar, procure no índice ou sumário da sua Bíblia os Livros Proféticos. Não pode usar a mesma letra duas vezes; para facilitar, risque as que você já usou, como no exemplo:

~~I~~ D ~~A~~ M O J ~~S A~~ M ~~I S~~ E A N O Q E R I I S U I E A E E A M S L I S I A A S S

Isaías		

Vamos ✏ desenhar

❖ Procure, na Bíblia, Hb 4,12 e desenhe o que você leu

Vamos fazer troca/troca

Grupo 1:	Grupo 2:	Grupo 3:	Grupo 4:
Ler: **1Rs 19,3-15**	Ler: **Jr 1,4-12**	Ler: **Ez 3,1-11**	Ler: **Is 6,1-10**

Ler a leitura correspondente à do seu grupo:

• Meu grupo é o número _____

Vamos ler e responder

a) O que aconteceu com o profeta?
_____
_____

b) O que foi pedido ao profeta?
_____

c) O que fez o profeta?
_____
_____
_____

d) Existem, hoje, profetas?
_____

e) Quem são os profetas, hoje?
_____
_____

f) Você se sente chamado a ser profeta, hoje?
_____

g) Como podemos ser profetas, hoje? (Escreva um gesto concreto)
_____
_____
_____
_____

20ª Catequese — JOÃO BATIZA JESUS

Eu vos batizo com água para a conversão, mas aquele que vem depois de mim é mais forte do que eu (Mt 3,11).

Hoje é dia ____/____/____
Estamos na _____ semana do tempo _____

Vamos ler com muita atenção

João Batista pregava e batizava no Rio Jordão. João pregava a conversão, pois o "Reino de Deus estava próximo". Era preciso mudar de vida, ter um coração novo para esperar pelo Messias que iria chegar. João anunciava que viria alguém maior que ele, alguém que iria batizar não na água, mas no Espírito Santo. João apontava que Jesus de Nazaré era o "Cordeiro de Deus que tira o pecado do mundo".

Jesus vem ao Jordão e pede para ser batizado por João para que se cumprissem as Escrituras.

Jesus inaugura a Nova Aliança. Neste novo tempo, Deus habitará entre os seres humanos, todos os pecados serão perdoados e o Espírito Santo transformará o coração das pessoas.

A Antiga Aliança era imperfeita, ela foi selada no sangue de bodes e carneiros, porque era apenas figura da Nova Aliança. A Nova Aliança é selada no sangue que Jesus derramou na cruz.

Vamos 📖 pesquisar na Bíblia

Jesus disse: "Não penseis que vim abolir a Lei e os profetas. Não vim abolir mas completar" (Mt 5,17).

1) Procure Is 7,14. Leia com atenção.

☆ De quem fala o texto?
_____

☆ O que vai acontecer com ela?
_____

☆ Como se chamará o seu filho?
_____

2) Agora procure Mt 1,23. Leia com atenção.
Responda:

☆ Que relação tem este texto com o texto de Isaías que você leu?
_____

☆ A que está se referindo o texto de Isaías? _____

3) Procure Lc 4,21. Escreva o que Jesus disse.
_____

Vamos fazer uma "linha do tempo"

Esta é uma linha do tempo. Vamos colocar nela os principais acontecimentos da História da Salvação. Você pode consultar as atividades anteriores para completar corretamente o nome dos acontecimentos que faltam.

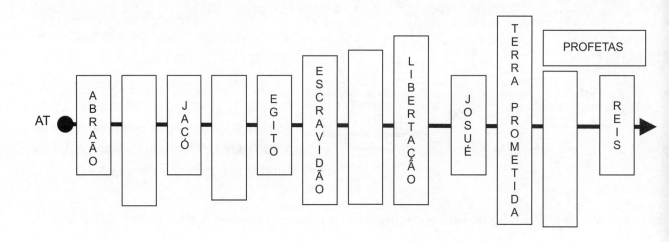

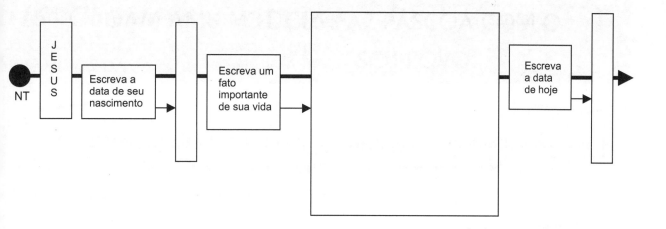

Jesus é o centro da história da humanidade. O nosso calendário marca como ano 1 o ano em que Jesus nasceu. Do que aconteceu antes do nascimento de Jesus se diz: ANTES DE CRISTO – **aC.** Para o que acontece depois do nascimento de Jesus se diz: Depois de Cristo – **dC.**

Iluminando a nossa vida

Jesus veio para cumprir o que os profetas anunciaram. Os acontecimentos do passado serviram para preparar a vinda de Jesus. Jesus veio para cumprir a Nova Aliança que foi selada com o seu sangue.

1) Responda:

• Escreva um fato de sua vida que você não esquece.

_____

• Por que você não se esquece deste acontecimento?

_____

• O que você aprendeu com ele?

_____

2) Escreva dentro das "alianças" atitudes que ajudam a viver com sabedoria o presente, preparando para viver melhor no futuro.

21ª Catequese — JESUS TEM UMA MÃE

> Ave Maria, cheia de graça. O Senhor é contigo. [...] Faça-se em mim segundo a tua Palavra (Lc 1,28.42).

Hoje é dia ____/____/____
Estamos na _____ semana do tempo _____

Vamos conhecer Maria

Maria é a Mãe de Jesus. Ela era uma menina que cresceu procurando conhecer a Palavra de Deus.

Maria recebeu a missão de ser a Mãe do Salvador. Com humildade e simplicidade ela respondeu "sim". Sabendo que sua prima Isabel também esperava um filho, na velhice, foi apressadamente às montanhas e se colocou a serviço.

Maria foi uma mulher forte, corajosa e decidida. Ela é exemplo para todos nós que desejamos seguir Jesus. Maria seguiu Jesus em suas pregações pelas vilas e aldeias. Quando estava numa festa de casamento com Jesus, faltou vinho e ela falou para Jesus: "Eles não têm mais vinho". E disse para os servos: "Fazei tudo o que Ele vos disser" (cf. Jo 2,1-12). Este é o conselho que Maria nos dá: "Fazei tudo o que Ele vos disser". Maria sempre nos mostra Jesus, ela foi a primeira que ouviu o que Jesus ensinava e colocou em prática (cf. Mc 3,35).

Nós veneramos Maria como a Mãe de Jesus e como nossa Mãe.

Vamos 📖 procurar na Bíblia

1) Leia Mt 2,1
☆ Quem veio do Oriente para visitar Jesus?
_____
_____

2) Leia Mt 2,11
☆ O que eles ofereceram para Jesus?
_____
_____

3) Leia Mt 2,13
☆ Quem queria matar Jesus?
_____
_____

4) Leia Mt 2,16
☆ O que o rei mandou fazer?
_____
_____

5) Leia Lc 2,39
☆ Para onde Jesus, Maria e José foram?
_____
_____

6) Leia Lc 2,40
☆ Como Jesus crescia?
_____

7) Você, como Jesus, também está em idade de crescimento. Como você quer crescer?
_____
_____
_____

 # Vamos pensar e responder

Quando nos referimos a Maria, Mãe de Jesus, falamos "Nossa Senhora", e acrescentamos, por exemplo, "Aparecida". Maria recebeu na Igreja muitos títulos, conforme a devoção de determinadas épocas e lugares, pelos quais os cristãos a invocam para pedir a sua intercessão junto de Deus, por nós que ainda peregrinamos para Deus.

◇ Escreva alguns dos títulos de Nossa Senhora que você conhece:
_____
_____
_____

Vamos guardar em nosso coração e colocar em prática

Na festa de casamento, quando faltou vinho, Maria disse aos servos: "Fazei tudo o que Ele vos disser". Maria, hoje, nos diz também:

> "Fazei tudo o que Ele vos disser".

Nosso gesto concreto

Maria estava atenta aos acontecimentos e às pessoas que estavam perto dela. Ela se preocupava com todos. Ela ajudava os que precisavam.

★ Escreva o que Jesus quer que façamos para os nossos amigos, parentes e para todos aqueles que estão perto de nós.

_____
_____
_____

Vamos desenhar um coração bem bonito

❖ Agora escreva do lado de fora do coração, que você desenhou, formando como que uma coroa, os sentimentos bons que nascem de um coração "cheio de graça" como o de Maria. Dentro do coração escreva o gesto concreto que você vai procurar fazer em casa, na escola ou na vizinhança.

22ª Catequese — MARIA É A MÃE DE JESUS E A NOSSA MÃE

Mulher, eis aí o teu filho. Filho, eis aí a tua Mãe! (Jo 19,26-27).

Hoje é dia ____/____/____
Estamos na _____ semana do tempo _____

Vamos saber mais sobre Maria

Maria é a mãe de Jesus. Os profetas, no Antigo Testamento, anunciaram o nascimento de um Salvador, Filho do Deus altíssimo. Quando o anjo anunciou a Maria que ela ia ser Mãe, disse: "Darás à luz um filho e lhe porás o nome de Jesus. Ele será chamado o Filho do Altíssimo" (Lc 1,31).

Jesus é filho de Maria e é Filho de Deus. Quando rezamos a Ave-Maria, nós dizemos: "Santa Maria, Mãe de Deus, rogai por nós". Quando Jesus completou oito dias, Maria e José o levaram ao Templo, em Jerusalém, para ser circuncidado, conforme a Lei dada a Moisés, e deram-lhe o nome de Jesus.

"Todos os anos, na Festa da Páscoa, seus pais iam até Jerusalém. Quando Jesus completou doze anos, subiram a Jerusalém segundo o costume da festa". Voltando para casa, perceberam que Jesus não estava com eles. Retornaram a Jerusalém e o encontraram, depois de três dias, no Templo. Maria perguntou-lhe: "Filho, teu pai e eu te procurávamos, aflitos". Jesus lhes respondeu: "Não sabíeis que devo estar na casa de meu Pai?" Jesus voltou com eles

83

e era obediente. Jesus crescia em idade, sabedoria e graça diante de Deus e dos homens. Maria não entendia todas as coisas que aconteciam, mas ela meditava sobre os acontecimentos, em seu coração.

Vamos 📖 procurar na Bíblia e responder

1) Ler Lc 11,22-23

☆ Segundo Jesus, sua Mãe é mais feliz ou bendita, por quê?

_____
_____

2) Ler Jo 19,25-27

☆ Onde se passou esse fato descrito por João? _____

☆ Quem estava junto à cruz de Jesus? _____

☆ Vendo Maria perto de João, o que disse Jesus para sua mãe?
_____

☆ O que disse Jesus para João, o discípulo que Ele amava?___
_____

☆ Quando Jesus deu Maria para João como sua mãe, só João ficou sendo filho de Maria? _____

☆ O que Jesus quis dizer? _____

☆ Jesus, na cruz, deu Maria como Mãe de João. João representava toda a Igreja. Hoje, nós somos a Igreja. Então Maria é nossa Mãe? _____

Nosso gesto concreto

Jesus, na cruz, nos deu a sua vida para nos salvar e nos deu também a sua Mãe. Maria, a Mãe de Jesus, diz para nós, seus filhos: "Fazei tudo o que Ele vos disser".

✱ O que podemos fazer quando percebemos que as pessoas estão em dificuldade?
_____
_____

✱ Vamos reunir, esta semana, as famílias que moram perto de nós e rezar o terço juntos. Depois de rezar o terço, podemos combinar como é possível solucionar alguns problemas ou dificuldades em nossa comunidade.

Vamos aprender a rezar

Os desenhos mostram duas formas de se posicionar as mãos. Dizemos que estamos com "as mãos postas".

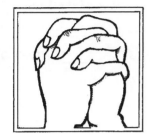

❑ Quando colocamos "as mãos postas"?
_____

❑ O que queremos dizer com este gesto?
_____
_____

❑ Na Eucaristia, quando podemos ficar com "as mãos postas"?
_____
_____

Vamos aprender a rezar o terço

O terço é uma devoção mariana. Rezando o terço, nós lembramos os ensinamentos de Jesus e meditamos os principais fatos de sua vida terrena.

Quando recitamos o terço podemos contemplar os Mistérios da alegria que se referem à vida do Menino Jesus e de sua Mãe; os Mistérios da luz, que nos fazem contemplar Jesus caminhando no meio dos homens; os Mistérios da dor, que nos conduzem à Paixão e morte de Jesus na cruz, e os Mistérios da glória, que nos fazem refletir sobre a Ressurreição e os acontecimentos após a Ressurreição de Jesus.

O terço tem cinco mistérios. Após contemplar cada mistério, rezar: 1 Pai-nosso, 10 Ave-Marias, 1 Glória-ao-Pai e a jaculatória: "Ó meu Jesus, perdoai-nos, livrai-nos do fogo do inferno, levai as almas todas para o céu e socorrei, principalmente, as que mais precisarem".

MISTÉRIOS DA ALEGRIA (segundas e sábados)

1º) Anunciação do anjo a Maria

2º) Maria visita a sua prima Santa Isabel

3º) Jesus nasce em Belém

4º) Jesus é apresentado no Templo

5º) Maria e José encontram Jesus no Templo entre os doutores

MISTÉRIOS DA LUZ (quintas-feiras)

1º) Jesus é batizado por João Batista, no Jordão

2º) Jesus transforma a água em vinho, nas Bodas de Caná

3º) Jesus anuncia o Reino de Deus a todos

4º) A Transfiguração de Jesus

5º) A instituição da Eucaristia

MISTÉRIOS DA DOR (terças e sextas-feiras)

1º) Agonia de Jesus no Horto das Oliveiras

2º) Jesus é flagelado

3º) Jesus é coroado de espinhos

4º) Jesus, com a cruz às costas, sobe até o Calvário

5º) Jesus morre na cruz entre os dois ladrões

MISTÉRIOS DA GLÓRIA (quartas e domingos)

1º) A ressurreição de Jesus

2º) A ascensão de Jesus ao céu

3º) Jesus envia o Espírito Santo sobre os apóstolos

4º) A assunção de Maria ao céu

5º) Maria é coroada como Rainha do céu e da terra

No final dos cinco mistérios, rezar a Salve-Rainha. Rezar um Pai-nosso, uma Ave-Maria e um Glória-ao-Pai por intenção do Santo Padre o Papa.

23ª Catequese — JESUS E OS APÓSTOLOS

Vinde comigo, e eu farei de vós pescadores de homens (Mt 4,19).

Hoje é dia ____/____/____
Estamos na _____ semana do tempo _____

Vamos escrever a história de Jesus

_____ foi a Mãe de Jesus. Ele nasceu na cidade de: _____.

Jesus foi batizado no Rio Jordão por _____.

Jesus escolheu _____ amigos, chamados de _____.

São João escreveu, em sua primeira carta, que ele e os outros apóstolos viram Jesus, ouviram Jesus e apalparam Jesus. São João explica que eles fizeram a experiência de Jesus, por isso eles agora anunciam Jesus para todos os povos.

Os doze apóstolos e muitos discípulos andavam com Jesus de aldeia em aldeia. Muitas vezes, Jesus ficava conversando com eles, explicando e ensinando as coisas de Deus e do Reino. Jesus comia com eles. Jesus andava no barco que era deles, pescavam juntos e repousavam nas casas de pessoas amigas como Marta, Maria e Lázaro. Jesus preparava seus apóstolos para a missão de anunciar o Reino de Deus depois de sua morte e ressurreição.

Procure 📖 na Bíblia: Mc 3,17-19

☆ Leia e procure, no caça-palavras, o nome dos 12 apóstolos:

Q	W	E	R	T	Y	M	A	T	E	U	S
S	T	S	Z	X	C	V	N	B	B	N	A
F	I	L	I	P	E	V	D	S	N	N	D
V	A	B	N	M	Ç	L	R	I	J	J	U
S	G	D	D	T	O	M	É	M	G	T	J
J	O	Ã	O	C	V	P	B	Ã	N	A	N
Z	X	C	G	C	Z	E	Z	O	Z	D	Z
S	D	F	A	K	K	D	G	G	G	E	M
S	R	D	F	I	N	L	R	H	M	L	U	N
B	A	R	T	O	L	O	M	E	U	V	B

○ Agora procure e leia com atenção: Mt 28,19

○ Jesus disse para os seus discípulos: **"Ide"**

1) O que quer dizer: Ide? _____

2) Para onde Jesus mandou que os discípulos fossem? _____

3) Você acha que eles obedeceram? _____

Realmente os discípulos obedeceram a Jesus, por isso estamos aqui. Os apóstolos deixaram tudo, largaram suas redes e o barco. Eles saíram e deram a vida para anunciar, para evangelizar todos os povos.

Iluminando a nossa vida

Jesus ensinava o povo. Jesus falava sobre o Reino de Deus. Jesus dizia que para Deus todas as pessoas são iguais, porque Deus ama a todos. Jesus disse que Ele veio para "que todos tenham a vida e a vida em abundância" (Jo 10,10).

1) Você vive? _____

2) Por que você vive? _____

_____

3) Qual foi o dia em que você nasceu? _____

_____

88

4) A vida é um dom de Deus. Jesus veio "para que todos tenham a vida e vida em abundância". Você acredita que todos os que estão perto de você, no seu bairro, na escola, têm vida em abundância? _____

5) Por quê? _____
_____

6) O que você pode fazer para realizar a missão que Jesus deu para todos nós que queremos ser seus discípulos? _____
_____

7) Na Eucaristia que celebramos, juntamente com a oferta do pão e do vinho, o que podemos oferecer como dom de nossa vida?

_____

As festas juninas

No mês de junho comemoramos, no dia 13, a Festa de Santo Antônio, que foi um grande pregador da Palavra de Deus. No dia 24, celebramos a Festa de São João Batista, o "precursor" de Jesus, aquele que preparou o povo para a vinda de Jesus. No dia 29, celebramos a Festa de São Pedro, apóstolo e primeiro papa.

• Aproveite o espaço para fazer um desenho ou uma colagem de uma festa junina. Para isso siga as orientações de seu catequista.

24ª Catequese — JESUS FAZ MILAGRES E ENSINA COM PARÁBOLAS

Fazei tudo o que Ele vos disser (Jo 2,5).

Hoje é dia ____/____/____
Estamos na _____ semana do tempo _____

Vamos seguir Jesus

Jesus andava de aldeia em aldeia com seus doze apóstolos e muitos discípulos. Jesus ensinava o povo. Jesus contava pequenas histórias – as parábolas – para ensinar melhor e para que o povo compreendesse o que Ele queria dizer.

Jesus fazia comparações, dizendo que o "Reino de Deus" era semelhante a um semeador, ao fermento na massa ou a um pai de família. Jesus explicava como deveria ser o comportamento das pessoas diante da Palavra de Deus, contando parábolas como a do tesouro escondido, do servo fiel, do fariseu e do publicano.

Jesus contava as parábolas sem dar muita explicação, para que aquele que ouvisse estas pequenas histórias ficasse pensando nelas até encontrar uma resposta. Jesus queria que as pessoas se convertessem.

Jesus, vendo o povo cansado, abatido e sofrendo, sentia compaixão e fazia milagres, curando os cegos, os mudos, os leprosos ou paralíticos.

Jesus se apresentava ao povo como o Bom Pastor que dá a sua vida pelas ovelhas.

Para Jesus era importante que a pessoa acreditasse em Deus, que fizesse uma experiência pessoal da fé. Hoje, nós também, quando lemos os escritos dos evangelhos, que narram os ensinamentos de Jesus, suas parábolas e milagres, somos convidados a fazer esta experiência de fé que pode transformar a nossa vida.

Vamos 📖 pesquisar na Bíblia

Ler Jo 10,1–6

☆ Quem é o Pastor? _____
☆ Quem são as ovelhas? _____
☆ A voz de quem as ovelhas conhecem? _____
☆ As ovelhas ouvem a voz do ladrão? _____
☆ Quem as ovelhas seguem? _____
☆ De quem as ovelhas fogem? _____
☆ Você ouve a voz de quem? _____
☆ Concretamente, como você demonstra que ouve a voz do Pastor?

_____
_____
_____
_____
_____

No mundo da arte

Em todas as épocas e em todos os povos, muitas pessoas procuraram retratar fatos descritos na Bíblia. As igrejas eram ricamente decoradas com quadros e esculturas de artistas que ainda hoje são conhecidos e admirados.

Os fatos da vida de Jesus, seus milagres e ensinamentos foram fontes de inspiração para muitos artistas. Através destas obras o povo podia aprender as verdades da fé.

Esta figura retrata uma escultura feita no século III, e está no Museu Lateranense, em Roma, na Itália. É a figura do Bom Pastor.

O Bom Pastor, séc. III (Roma: Museu Lateranense).
Foto tirada do livro *Il Vangelo*
Illustrato dai Capolavori D'Arte D'Ogni scuola e D'Ogni tempo.
Instituto Italiano D'Arti Grafiche, Bergamo: 1950.

Vamos descobrir o que Jesus fazia

1) Você irá receber um cartão com uma citação. Cole no quadro:

2) Procure a citação na Bíblia e leia com muita atenção.

3) Responda:

• Qual foi o milagre que Jesus fez?

Vamos trocar experiências

Em voz alta, conte para os seus amiguinhos o milagre de Jesus, conforme você leu e escreveu na questão anterior.

• De todos os que você ouviu contar, qual o milagre de Jesus que você mais gostou?

_____

_____

_____

_____

_____

Catequeses

litúrgicas

1ª Catequese Litúrgica

O TEMPO LITÚRGICO NA IGREJA

Nele Ele nos escolheu antes da fundação do mundo, para sermos santos e irrepreensíveis diante dele no amor (Ef 1,4).

> Hoje é dia _____ / _____ / _____
> Estamos na _____ semana do tempo _____

Vamos ler juntos

Jesus, depois de morrer na cruz e ressuscitar, antes de ir para o céu deu uma missão aos seus apóstolos: "testemunhar que o Messias devia sofrer e ressuscitar dos mortos ao terceiro dia e que, em seu nome, fosse proclamada a conversão para a remissão dos pecados a todas as nações" (Lc 24,46s).

Depois destes acontecimentos os apóstolos, com grande alegria, frequentavam o Templo, louvando a Deus. O livro dos Atos dos Apóstolos 2,42-47 descreve as primeiras comunidades dos cristãos: "Eles se mostravam assíduos aos ensinamentos dos apóstolos, à comunhão fraterna, à fração do pão e às orações".

Celebrar Deus, com hinos e cânticos, louvando e agradecendo seus dons gratuitos é costume antigo em muitos povos. Jesus celebrou as festas de seu povo. Jesus participava das celebrações e peregrinações no Templo: aos doze anos, quando ficou com os doutores e perdeu-se de sua mãe (Lc 2, 41-52). Quando tomou o rolo de Isaías e leu na Sinagoga (Lc 4,16-24). Jesus celebrou a Páscoa com seus discípulos (Lc 22,1).

Hoje, na Igreja, nós celebramos Deus com Jesus, no Espírito Santo. As celebrações com salmos, hinos, orações, leituras da Palavra de Deus e catequeses fazem parte da Liturgia.

Liturgia é a forma de expressar a nossa fé em Deus, na comunidade. O Mistério da Paixão, Morte e Ressurreição de Jesus ilumina a vida dos cristãos. A Celebração da Páscoa é o cerne (o coração, o centro) de toda a vida da Igreja. Esta Celebração dá sentido à Liturgia realizada na Igreja.

A cada ano, as celebrações trazem para a nossa vida como cristãos uma nova força, um novo alento, uma nova esperança. Juntos, celebrando a nossa fé, vamos trabalhando na construção do Reino de Deus. Juntos, celebrando o amor de Jesus, podemos, estendendo a nossa mão, acolher nosso irmão que necessita de pão, de instrução, de moradia, de uma palavra de carinho, de consolo, de apoio, porque somente estendendo a nossa mão e abrindo o nosso coração podemos encontrar a paz.

Vamos 📖 procurar na Bíblia

Leia e responda:

Mt 18,20

☆ O que Jesus quis dizer com esta afirmação?

_____

_____

☆ Escreva em que situações esta palavra pode realizar-se hoje, na nossa vida. (Por exemplo: quando celebramos na catequese. Descubra outras situações e lugares.)

_____

_____

Para ♡ memorizar

✧ Qual o tempo que inicia o Ano Litúrgico?

_____

✧ Qual o tempo que celebra o nascimento de Jesus?

_____

✧ Quando os Reis Magos vão visitar Jesus entramos no Tempo da _____, durante este Tempo celebramos a_____

✧ Qual é a celebração do Ano Litúrgico que ilumina todas as outras celebrações?
_____

✧ O que celebramos na Páscoa?
_____

✧ Qual é o tempo que prepara a Páscoa?
_____

✧ O que celebramos no Tempo Comum?
_____
_____

Vamos completar o quadro:

Tempo litúrgico	Cor usada
Advento	_____
Natal	_____
Epifania	_____
Quaresma	_____
Páscoa	_____
Tempo Comum	_____

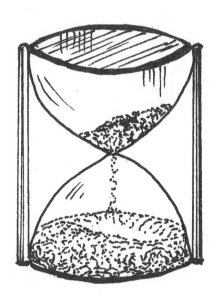

A ampulheta é um antigo instrumento usado para marcar o tempo.

Vamos pintar o Ano Litúrgico

ANO LITÚRGICO

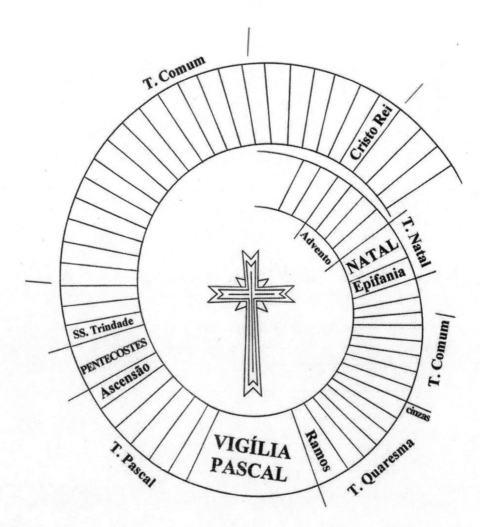

Para pintar:

Verde: Tempo Comum

Roxo: Tempo da Quaresma
　　　Tempo do Advento

Róseo: 4º Domingo da Quaresma – "Laetare"
　　　　3º Domingo do Advento – "Gaudete"

Branco: Tempo Pascal
　　　　Tempo do Natal
　　　　　Solenidade: Ascensão do Senhor
　　　　　　　　　　　Santíssima Trindade
　　　　　　　　　　　Cristo Rei

Vermelho: Domingo da Paixão/Pentecostes

2ª Catequese Litúrgica

QUARESMA: TEMPO DE CONVERSÃO

E o Pai, que vê no oculto, te dará a recompensa (Mt 6,6b).

Hoje é dia ____ / ____ / ____

Estamos na _____ semana do tempo _____

Vamos ler com atenção

Estamos no Tempo da Quaresma, que é um tempo de reflexão sobre como está a nossa vida.

Antigamente, durante este tempo, os catecúmenos que eram os adultos que iam ser batizados na noite da Páscoa, se preparavam mais intensamente, através de catequeses, provações e penitências.

Todos nós participamos da Igreja porque fomos batizados. O Tempo da Quaresma é o tempo que nos faz refletir sobre a nossa vida de batizados, na Igreja. É um tempo de conversão, é um tempo de penitência.

Participando das celebrações da Quaresma somos convidados a caminhar com Jesus: fazer com Ele todos os passos de sua paixão, morte e ressurreição, renovando o nosso Batismo na celebração da Páscoa.

Este é um tempo de conversão e de purificação. É um tempo de tirar de nosso coração todos os sentimentos que nos oprimem como o ódio, o rancor, a violência, a desconfiança. É o tempo de fazer "as pazes", de procurar aquele amigo ou amiga que não conversamos mais com ele ou com ela, embora vivam na mesma rua ou estudem na mesma escola. É o tempo de ajudar aqueles que precisam de nós, através de um olhar, um gesto de carinho, uma esmola, uma oração; fazer sem que os outros percebam, "e o Pai, que vê no oculto, te dará a recompensa" (Mt 6,6b).

Vamos 📖 procurar na Bíblia

Leia e responda: Mt 13,52

✿ O que Jesus manda tirar do baú?

_____

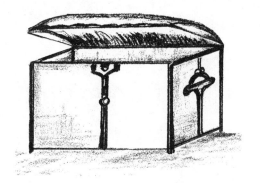

A palavra "baú", que Jesus usou nesta parábola, quer dizer muitas coisas. Pense um pouquinho e responda:

☆ De onde Jesus disse para tirar as coisas novas e velhas?

_____

_____

☆ Que coisas "novas e velhas" você precisa tirar do seu coração?

_____

_____

☆ Muitas vezes acumulamos em nossa casa, em nossos armários, "um monte" de coisas que não usamos mais. Ouvindo o que Jesus disse, o que fazer diante dessa mania que todos temos?

_____

_____

Nós vimos, nós ouvimos, agora vamos agir

Jesus disse: "Eu vos dou um novo mandamento: que vos ameis uns aos outros. Assim como eu vos amei, amai-vos uns aos outros. Todos saberão que sois meus discípulos, se vos amardes uns aos outros" (Jo 13,34s.). Quem procurar viver isso, terá uma VIDA feliz na LIBERDADE, na JUSTIÇA, na PAZ.

Muitas atitudes nossas nos oprimem, não nos deixam amar como Jesus amou. Nós podemos, com nossas atitudes, também oprimir os que estão perto de nós.

• Faça um risco com lápis de cor embaixo das atitudes que promovem a liberdade, a justiça e a paz, conforme o amor de Jesus:

destruir a natureza – perdoar – estudar com um colega que precisa – ajudar os que precisam

brigar – procurar unir as pessoas – repartir as coisas com quem tem menos –

passar cola nas provas – brincar com quem os outros não gostam e que eu também não gosto

Vamos refletir sobre a Campanha da Fraternidade

Cole aqui ou faça o desenho do cartaz da Campanha da Fraternidade

O **lema** da Campanha da Fraternidade deste ano é:

_____

_____

_____

_____

_____

O **tema** da Campanha da Fraternidade deste ano é:

_____

_____

_____

O que você poderá fazer para participar com a sua comunidade, concretamente, da Campanha da Fraternidade?

_____

_____

_____

_____

3ª Catequese Litúrgica
ESTAMOS NA SEMANA SANTA
JESUS MORRE NA CRUZ

Quem quiser ser meu discípulo, tome cada dia a sua cruz e siga-me (Lc 9,23).

Hoje é dia ____/____/____
Estamos na _____ semana do tempo _____

Para ler, refletir e guardar no coração

Diante de Jesus Crucificado, a gente se pergunta: por que tanto sofrimento? Por que é que Ele, para nos salvar, teve de sofrer tanto e morrer numa cruz?

A resposta não é fácil. Estamos diante de um grande mistério. Só a fé pode nos iluminar.

Jesus dando a sua Vida por nós, para o perdão de nossos pecados, nos deu a "maior prova de amor" – "dar a vida por seus amigos" (Jo 15,13).

Jesus nos deu o exemplo: o sofrimento e a morte nos levam à Ressurreição. A cruz, agora, é a Cruz gloriosa do Senhor Jesus.

Na Cruz de Jesus o nosso sofrimento, a nossa dor, enfim tudo aquilo que nos faz sofrer e morrer tem um sentido – a Ressurreição, a Vida Eterna.

A Sexta-feira Santa, com suas celebrações, deve levar-nos a contemplar com amor Jesus que se sacrifica, por amor, por toda a humanidade.

O cristão é convidado a fazer um jejum neste dia. O jejum pode ser a abstenção de uma refeição completa ou de certos alimentos como doces, refrigerantes, carnes, ou de cigarros, e de certos afazeres como ver televisão, jogos, ou outra coisa.

O jejum leva-nos a participar do sacrifício de Jesus e a participar do sofrimento de nossos irmãos pobres, sem recursos e doentes, que passam fome, frio e vivem desabrigados os 365 dias do ano. O nosso jejum, revertido em ajuda financeira, através da Campanha da Fraternidade, vai aliviar a dor e o sofrimento destes irmãos.

Vamos pensar e responder

1) Você tem cruz? _____

2) Escreva qual é a sua cruz, hoje? _____

_____

Fazer a Palavra de Deus ser Vida em nossa vida

1) Escreva **em volta** da cruz de Jesus os diversos tipos de atitudes que nos oprimem e que nos causam sofrimento, e, por isso, devem ser evitadas.

2) Escreva **dentro** da cruz de Jesus gestos de amor que nos libertam da opressão e geram vida e fraternidade para cada um de nós e para os que convivem conosco. Faça como no exemplo.

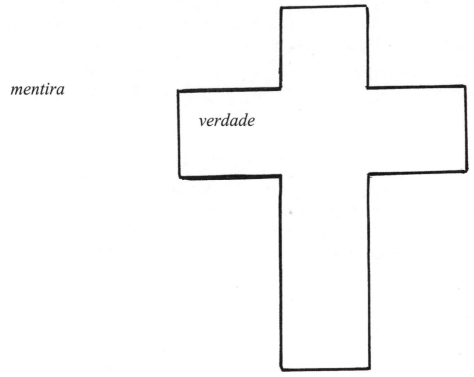

Para ler, refletir e guardar no coração ♥

Os seres humanos haviam se afastado de Deus pelo pecado.

Jesus, através de sua morte, pediu perdão ao Pai.

Jesus nos salvou. Jesus é o nosso Salvador.

Jesus ofereceu sua vida humana para nos dar a sua vida divina, para nos dar a vida eterna. Jesus venceu a morte, ressuscitando.

Este milagre é a base da nossa fé. Pois a nossa grande esperança nasce da ressurreição de Cristo.

A Páscoa é um apelo a cada um de nós para ressurgirmos, todos os dias, dos sofrimentos, da falta de fé, da desesperança, dos ódios, das maldades, dos rancores, das discórdias, da pobreza, da solidão, da doença e principalmente do pecado. De todas estas situações é necessário ressuscitar, buscar a VIDA.

A ressurreição de Jesus veio nos ensinar um caminho novo: É preciso que cada um descubra em sua vida o que precisa ser mudado. É preciso que cada um descubra o que precisa ser mudado na família, na escola, na comunidade. É preciso descobrir o que precisa ser mudado e mais ainda é preciso que cada um procure realmente mudar e corrigir o mal que está dentro de nós; porque só assim poderemos ressuscitar com Jesus e viver a "vida nova que Ele quer nos dar.

Jesus nos deixou seu Espírito, o Espírito Santo que nos santifica e nos ajuda a vencer "a morte" e "o mal" de cada dia.

Assim, com Jesus ressurgiremos e viveremos felizes aqui nesta terra e depois, com Ele, na Vida Eterna, deixando o nosso mundo, o lugar onde vivemos, um pouco melhor.

Vamos celebrar com a nossa família

Jesus disse: "Eu sou a Ressurreição e a Vida, quem crê em mim nunca morrerá". São Paulo, em sua 1ª Carta aos Coríntios, nos diz: "Se Jesus Cristo não tivesse ressuscitado, a nossa fé seria inútil. Nós seríamos homens sem esperança".

• Em casa leia para o papai e a mamãe, no sábado santo: 1Cor 15,1-28.

• Conversem sobre o que a Palavra de Deus está nos ensinando, para compreender melhor a ressurreição de Jesus e a nossa.

4ª Catequese Litúrgica

PÁSCOA: JESUS RESSUSCITOU

Cristo, a nossa Páscoa, já foi imolado. Celebremos, portanto, a festa (1Cor 5,7-8).

Hoje é dia ____ / ____ / ____
Estamos na _____ semana do tempo _____

Vamos ler juntos

E ra o primeiro dia da semana! A Festa da Páscoa dos hebreus havia terminado.

A Festa da Páscoa para esse povo lembrava o dia da sua libertação. Eles eram escravos no Egito. Por ordem de Deus, eles deviam imolar um cordeiro puro e sem mancha, e com o seu sangue marcar os umbrais das portas de suas casas. Desta forma, Deus poupou os filhos dos hebreus e foram mortos todos os primogênitos do povo do Egito: homens e animais.

Jesus estava morto e sepultado. Os guardas vigiavam seu sepulcro. Os apóstolos e os discípulos haviam se escondido com medo de serem presos e mortos.

As mulheres que seguiam Jesus foram bem cedo até a sua sepultura, levavam flores e perfumes, como era costume da época. Chegando onde o corpo de Jesus fora deixado, espantadas, viram que a grande pedra que fechava a sepultura fora removida e um anjo anunciou-lhes que Jesus estava vivo e que elas deviam ir anunciar aos outros o que tinham visto. Elas foram, com alegria, e deram aos apóstolos esta boa notícia: Jesus ressuscitou. No alvorecer de um novo dia, surge uma nova vida. Um novo povo guiado por Jesus ressuscitado.

Vamos procurar na Bíblia e ler com muita atenção

Mt 28,1; Mc 16,2; Lc 24,1; Jo 20,1; At 20,7

☆ O que os quatro evangelistas escrevem e que é igual nestas citações?

O primeiro dia da semana é chamado o **Dia do Senhor**, porque Jesus ressuscitou neste dia; por isso, os primeiros cristãos se reuniam, neste dia, para celebrar a Ceia do Senhor.

☆ Em que dia nós nos reunimos para celebrar a Eucaristia?

_____

☆ Por quê? _____

_____

Vivendo a Liturgia

○ Pinte bem bonito e leia com atenção

O **Aleluia** é uma palavra hebraica, muito antiga, que quer dizer: **louvai ao Senhor!** Os hebreus faziam ressoar este grito de louvor a Deus, quando entoavam os Salmos. Na Vigília Pascal, antes da proclamação do Evangelho, a Liturgia prevê o anúncio solene da Ressurreição de Jesus e em seguida é entoado o canto do Aleluia.

A celebração da Vigília Pascal é sempre realizada à noite; ela é a celebração da "noite iluminada" em que Jesus vence a morte e ressuscita glorioso. É a passagem da noite para o dia, das trevas para a Luz, que é Jesus sempre presente no nosso meio.

Vamos conhecer os símbolos pascais

O ovo

É muito gostoso **o ovo de chocolate** que ganhamos na Páscoa.

O ovo é sinal de vida nova. É todo fechado, sem começo e sem fim, o pintinho sai do ovo sozinho. Jesus saiu do sepulcro, vivo e ressuscitado, dando para todos os homens a Vida Nova.

○ **Desenhe ou cole a figura de um ovo da páscoa, no quadro.**

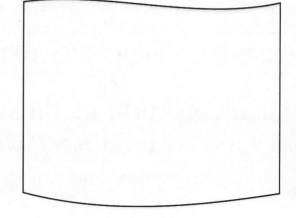

O coelho

A coelha tem muitos filhotes de uma só vez. Jesus ressuscitou uma só vez e faz nascer para Deus muitos filhos e filhas. Todos os homens e mulheres: crianças, jovens e adultos de todas as épocas podem, se quiserem, receber esta Vida Nova como filhos e filhas de Deus.

○ **Desenhe ou cole a figura de um coelhinho, no quadro.**

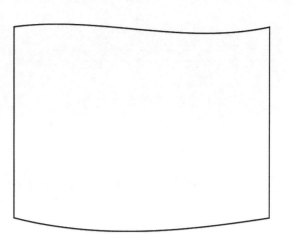

Como vamos viver a nossa Páscoa?

• Descubra os gestos concretos para viver bem a Páscoa, completando os quadrinhos. Colocando as letras conforme os números:

1	2	3	4	5	6	7	8	9	10	11	12	13	14	15	16	17	18	19	20
s	c	a	ã	m	o	t	r	e	é	p	u	J	v	i	l	g	b	q	n

6	2	8	15	1	7	4	6	10	12	5	3	11	9	1	1	6	3

3	16	9	17	8	9	;	9	16	9	1	3	18	9	19	12	9
						;										

13	9	1	12	1	14	9	20	2	9	12	3	5	6	8	7	9

3	5	3	15	-	14	6	1	2	6	5	6	9	12	14	6	1	3	5	9	15
				-																

5ª Catequese Litúrgica

MAIO, NÓS VENERAMOS MARIA

A minha alma engrandece o Senhor, e exulta meu espírito em Deus, meu Salvador (Lc 1,46).

Hoje é dia ____/____/____
Estamos na _____ semana do tempo _____

Vamos conhecer Maria

O Anjo Gabriel levou a Palavra de Deus a uma jovem chamada MARIA. Deus pedia que ela se tornasse a mãe de Jesus, seu Filho. Maria aceita cumprir a PALAVRA DE DEUS em sua vida e diz: "Eis aqui a serva do Senhor. Faça-se em mim segundo a tua Palavra" (Lc 1,38). E assim nasceu Jesus.

Jesus cresceu e anunciou às pessoas a BOA-NOVA. Os seres humanos rejeitaram Jesus, e o condenaram à morte. Quando Jesus estava na cruz, antes de morrer, vendo Maria e o apóstolo João, disse olhando para sua mãe: "Mulher, eis aí teu filho". E olhando para João disse: "Filho, eis aí a tua mãe" (Jo 19,25-27). Desta forma Jesus nos deu Maria por mãe. Jesus, vendo João, naquele momento, olhava para cada um de nós. No Concílio Vaticano II, quando estavam reunidos em Roma os bispos do mundo inteiro, em 1964, Maria foi proclamada MÃE DA IGREJA.

Maria, como mãe, nos ensina e nos ajuda a viver bem. Ela quer que sejamos felizes.

Certa vez, Maria foi a um casamento com Jesus. Durante a festa, Maria percebeu que havia acabado o vinho. Chamou seu Filho e contou o que estava acontecendo. Maria chamou os servos e disse: "Fazei tudo o que Ele vos disser" (Jo 2,1-12). Neste dia, a pedido de sua Mãe, Jesus realizou o seu primeiro milagre, transformando a água em vinho. **Maria nos ensina a fazer tudo o que Jesus falou.**

Quando queremos chamar nossa mãe, usamos nomes diferentes para demonstrar nosso carinho, nosso afeto, nossa gratidão e nosso amor. Conforme a região, os cristãos invocam Maria com nomes diferentes que representam a situação local. Por exemplo, no Brasil, temos N.S. Aparecida, porque ela foi recolhida na rede por pescadores, no Rio Paraíba. Temos na França N.S. de Lourdes, que apareceu na cidade de Lourdes a Bernadete. Em Portugal temos N.S. de Fátima, que apareceu aos três pastores: Jacinto, Francisca e Lúcia.

Maria é exemplo para nós de como viver a Palavra de Deus. A vida de Maria ilumina cada gesto, cada palavra e cada acontecimento da nossa vida. Maria nos ensina a ser filha, mãe, esposa, parente, companheira e principalmente discípula de Jesus. Por isso, a Igreja **venera** Maria. As estátuas e quadros de Maria são para nós como a fotografia de nossa mãe.

O mês de maio é dedicado a Maria, mãe de Jesus, mãe da Igreja e nossa mãe. Celebramos com muita alegria neste mês o dia das mães. Vamos pedir a Maria que olhe e proteja sempre a nossa mãe.

Vamos descobrir o que as pessoas pensavam de Maria?

Procure na Bíblia

1) Ler Lc 11,27-28

☆ O que a mulher quis dizer a Jesus?

_____

_____

2) Mt 12,46-50

☆ Quem foi procurar Jesus?

_____

☆ Para quem Jesus apontou quando disse: "Aqui estão minha mãe e irmãos"?

_____

☆ Por que Jesus disse que os discípulos são a sua mãe e irmãos?

_____

☆ Nós também podemos ser considerados parentes de Jesus como os discípulos? Como? _____

Vamos ilustrar e responder

Pinte bem bonito o mapa do Brasil, e cole nele a imagem de Nossa Senhora Aparecida, nossa padroeira.

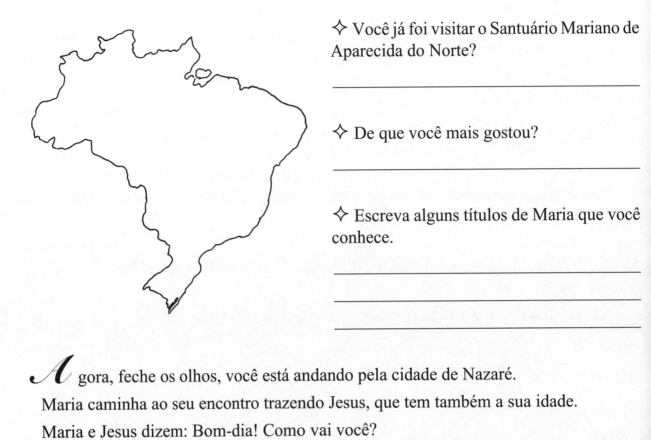

✧ Você já foi visitar o Santuário Mariano de Aparecida do Norte?
_____

✧ De que você mais gostou?
_____

✧ Escreva alguns títulos de Maria que você conhece.
_____
_____

*A*gora, feche os olhos, você está andando pela cidade de Nazaré.

Maria caminha ao seu encontro trazendo Jesus, que tem também a sua idade.

Maria e Jesus dizem: Bom-dia! Como vai você?

✧ O que você teria para perguntar, para contar e conversar com Maria e Jesus? Escreva sua conversa.

_____
_____
_____
_____
_____
_____

6ª Catequese Litúrgica
Pentecostes: Jesus envia o Espírito Santo

O Espírito do Senhor encheu o universo: Ele mantém unidas todas as coisas e conhece todas as línguas (Sb 1,7).

Hoje é dia ____/____/____
Estamos na _____ semana do tempo _____

Vamos ler juntos

Jesus ressuscitou depois de morrer na cruz. Jesus apareceu diversas vezes aos apóstolos, confirmando seus ensinamentos e dando-lhes suas ordens.

Os apóstolos estavam com medo e confusos, não entendiam bem o que Jesus queria lhes dizer. Jesus disse que iria para o Pai, mas que eles não ficariam sozinhos.

Jesus prometeu que enviaria o seu Espírito Santo, o Paráclito, que lhes ensinaria toda a verdade (cf. Jo 14,26).

Era o primeiro dia da semana. Cinquenta dias depois da Páscoa Maria e os apóstolos estavam rezando juntos quando receberam o Espírito Santo prometido por Jesus (cf. At 2,1-4).

A presença do Espírito Santo fortaleceu os apóstolos, deu-lhes força, coragem e sabedoria. Pedro fez um discurso, falou sobre Jesus e sua obra. Três mil pessoas o escutaram. Eram pessoas de toda parte que falavam diversas línguas e cada um ouviu Pedro falar em sua própria língua. Neste dia, muitos se converteram e pediram o Batismo. Começava a Igreja de Jesus (cf. At 2,2.14ss.).

Todos nós que fomos batizados, recebemos o Espírito Santo. Se dissermos SIM, nossa vida poderá ser transformada e viveremos fazendo o bem, ouvindo e colocando em prática a Palavra de Jesus. Viveremos o AMOR, a UNIDADE, a FÉ. Teremos PAZ.

Vamos 📖 procurar na Bíblia

1) Ler Jo 14,26

✰ O que o Paráclito vai fazer para os apóstolos?

_____

2) Ler At 4,32-35

✰ Como viviam os primeiros cristãos?

_____

_____

Pinte a "chama" marcando a frase correta:

Espírito Santo é um anjo do céu.

O Espírito Santo é Deus agindo na vida da pessoa que diz SIM para Deus.

É um grande Rei que visitou os apóstolos.

É o Espírito que deu aos apóstolos força e coragem.

O Espírito Santo nos conduz hoje na Igreja.

O Espírito Santo nos ensina a ouvir, guardar e praticar a Palavra de Deus.

Vamos completar o quadro _ _ _ _ _ _

O Espírito Santo pode ser lembrado de várias formas. São os símbolos do Espírito Santo. O **fogo** que faz arder em nosso coração o desejo, a vontade, o entusiasmo e o amor para cumprir a Palavra de Deus. O **vento** representa o Espírito que sopra onde quer e leva para longe o mal e o que atrapalha o bem, o amor e a unidade entre os homens.

O Espírito Santo **sopra** e **leva** do nosso coração:	O Espírito Santo faz **arder** no nosso coração a **chama**:
O ódio	*Do amor*

Vamos descobrir

OS SÍMBOLOS DO ESPÍRITO SANTO

Leia com atenção a explicação e desenhe o símbolo correspondente:

ÁGUA – A água é usada no Batismo. Depois da invocação do Espírito Santo, ela se torna sinal concreto da vida nova que recebemos no Batismo. Esta vida divina nos é dada pelo Espírito Santo.

UNÇÃO – No Antigo Testamento, os reis e os sacerdotes eram ungidos. Jesus é chamado: o Ungido do Espírito de Deus. Jesus ensinava e curava as pessoas, porque o Espírito Santo estava com Ele. É Ele que ressuscita Jesus (cf. 1Cor 1,21).

FOGO – O fogo simboliza a força do Espírito Santo, que pode transformar as pessoas. Foi pela força do Espírito Santo que os primeiros cristãos morreram, testemunhando a sua fé. É a força do Espírito Santo que nos ajuda, hoje, a viver a nossa fé.

NUVEM E A LUZ – No Antigo Testamento, a nuvem e a luz, que acompanharam o povo de Israel no deserto, são sinais do Espírito Santo. No Novo Testamento a luz que envolveu Jesus no seu Batismo, na Transfiguração e em Pentecostes são sinais do Espírito Santo.

115

SELO – "Deus marcou com o seu selo" a Jesus Cristo (cf. Jo 6,27), e é por Jesus e nele que também somos marcados com o "selo" de Deus (cf. 1,13). No Batismo recebemos este selo indelével que não se apaga.

IMPOSIÇÃO DAS MÃOS – Jesus cura os doentes impondo as mãos. Jesus abençoa as criancinhas. É pela imposição das mãos dos apóstolos que o Espírito Santo é dado (cf. At 13,3). A Igreja usa o gesto da "imposição das mãos" para dar a bênção e nos sacramentos da Confirmação e da Ordem".

DEDO – É pelo dedo de Deus que Jesus expulsa os demônios (cf. Lc 11,20). No AT as Tábuas da Lei foram escritas pelo dedo de Deus (cf. Ex 31,18). Agora esta lei será escrita pelo Espírito do Senhor, não mais nas tábuas de pedra, mas nos corações dos que creem (2Cor 3,3).

POMBA – No dilúvio, Noé solta uma pomba que, com sua volta, trazendo uma folha de oliveira, anuncia a nova terra (cf. Gn 8,9). Jesus, quando foi batizado, recebeu o Espírito Santo, em forma de pomba (cf. Mc 1,10).

O Espírito Santo repousa no coração purificado dos batizados (cf. Gl 3,27; 1Pd 4,14).

7ª Catequese Litúrgica

Santíssima Trindade: Comunidade de Amor

Ninguém conhece quem é o Filho senão o Pai, e quem é o Pai senão o Filho e aquele a quem o Filho quiser revelar (Lc 10,22).

Hoje é dia ____/____/____
Estamos na _____ semana do tempo _____

Vamos ler e refletir

Divindade, luz eterna,
Unidade na Trindade,
Proclamando a vossa glória,
Suplicamos piedade.

Cremos, todos, no Pai Santo,
No seu Filho Salvador
E no Espírito Divino
Que os une pelo Amor.

Bendizemos a Trindade,
Deus Eterno, Sumo Bem,
Pai e Filho e Santo Espírito,
Pelos séculos. Amém.

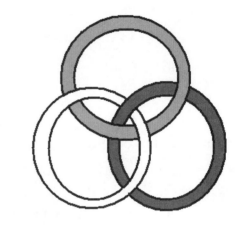

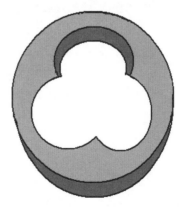

A Igreja canta este hino no Ofício das Leituras da segunda-feira da primeira semana. Todos os dias, muitas pessoas rezam o Ofício Divino, que é uma oração própria da Igreja, que contém hinos, salmos, leituras da Sagrada Escritura e dos Santos Padres. Esta oração é feita de manhã, às nove, às doze, às quinze horas, à tarde e à noite; desta forma, em todas as horas do dia a Igreja louva e bendiz a Deus que é Pai, que é Filho e que é Espírito Santo.

Santo Agostinho é um grande santo da Igreja e muito sábio. Ele meditou muito sobre as verdades de nossa fé. Conta-se pela tradição oral de nosso povo que: Um dia, estando na praia, meditava sobre a Santíssima Trindade: um só Deus e Três Pessoas Divinas: o Pai, o Filho e o Espírito Santo. Em certo momento percebeu a presença de um menino que com uma pequena concha corria até o mar, enchia a concha e jogava a água colhida em um buraquinho que fizera na praia. Santo Agostinho parou e ficou olhando o que o menino fazia. Então lhe perguntou: – "Menino, o que estás fazendo? O menino lhe respondeu: – "Quero colocar toda a água do mar neste buraquinho". Santo Agostinho rindo da simplicidade do menino disse-lhe: –"Como você pode querer fazer isto? O mar é muito grande e o buraquinho que você fez é muito pequeno para caber nele todo o mar". O menino, olhando bem para Santo Agostinho, lhe disse: – "É mais fácil eu colocar toda a água do mar neste buraquinho, do que você compreender a Santíssima Trindade".

Esta pequena história nos faz refletir que o mais importante, para nós, é viver o Amor da Santíssima Trindade: o Pai que nos amou tanto e que nos deu seu Filho Jesus, que morreu por nós, e que pelo Espírito Santo nos acolhe como seus filhos adotivos, em Jesus.

Somos convidados a amar nossos amigos e nossos inimigos, somos convidados a fazer sempre o bem. Pertencemos a uma família, na escola somos muitos colegas, na comunidade temos muitos amigos. Somos várias pessoas e cada uma é diferente da outra: gostamos de coisas diferentes, fazemos as coisas de forma diferente. Esta diferença deve nos unir; assim juntos podemos, na nossa diferença, transformar a nossa família, a nossa escola, a nossa comunidade.

Vamos procurar na Bíblia

1) Ler Mt 11,25-27

☆ Quem está rezando? _____

☆ Para quem Jesus está rezando? _____

☆ Quem conhece o Pai? _____

☆ Quem conhece o Filho? _____

2) Ler Is 6,3

☆ Com quais palavras de louvor os serafins aclamavam ao Senhor Todo-Poderoso?
_____

☆ Em que parte da Missa nós louvamos a Deus usando as mesmas palavras?
_____

A Palavra de Deus fazendo vida em nossa vida

A Santíssima Trindade é uma Comunidade de Amor: o Pai, o Filho, o Espírito Santo. Fazendo o sinal da cruz, nos lembramos do Pai que nos criou; do Filho que nos salvou e do Espírito Santo que nos santifica e nos conduz, hoje, na Igreja.

Na Carta aos Coríntios 12,4-7 lemos que Deus dá a todos muitos dons que devem ser usados para o bem comum.

• Faça uma lista dos dons que Deus deu a você. São as suas qualidades, aquilo que você sabe fazer.

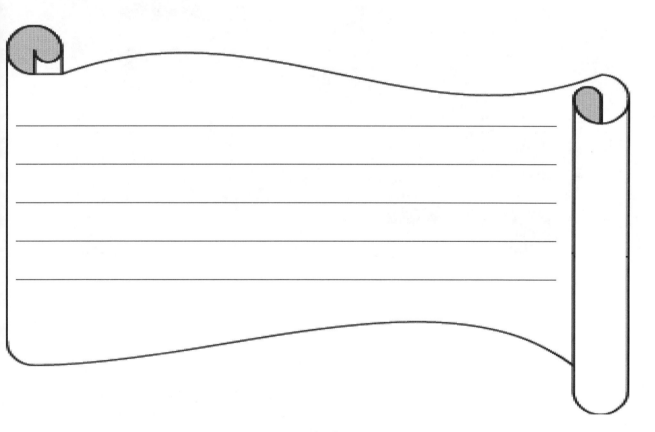

• Agora, pense e escreva o que você pode fazer para usar seus dons, suas qualidades, para ajudar seus familiares, colegas e amigos.

_____
_____
_____

Caminhando para a Comunhão

Muitos acontecimentos e atitudes podem nos atrapalhar quando queremos viver na comunhão e no amor a exemplo da Santíssima Trindade. Podemos vencer o mal com a oração e com a ajuda do Espírito Santo que nos santifica e nos conduz.

1) Observe o labirinto e vamos ajudar as três crianças a se encontrarem.

• Elas devem passar somente pelas atitudes que promovem o amor e a comunhão.

• Para cada criança use um lápis de cor diferente.

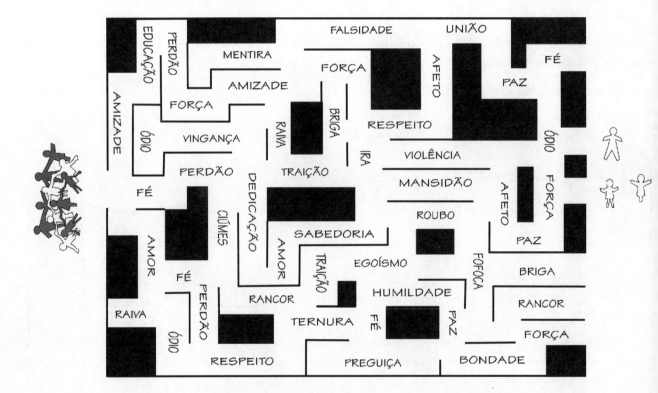

8ª Catequese Litúrgica

<u>CORPUS CHRISTI</u>: FESTA DO CORPO E DO SANGUE DE JESUS

O Senhor alimentou seu povo com a flor do trigo e, com o mel do rochedo, o saciou (Sl 80,17).

Hoje é dia ____ / ____ / ____

Estamos na _____ semana do tempo _____

Vamos ler com muita atenção

As Celebrações do Tempo Pascal: Paixão, Morte e Ressurreição de Jesus e sua Ascensão ao céu encerram-se com a celebração de Pentecostes.

Celebramos, no domingo seguinte, a Solenidade da Santíssima Trindade: o Pai que nos criou; o Filho que nos salvou e o Espírito Santo que nos santifica e nos conduz, hoje, na Igreja.

Na quinta-feira depois desse domingo, celebramos a Solenidade do Corpo e Sangue de Cristo, conhecida como *Corpus Christi*. Esta é uma expressão que veio do latim, língua oficial da Igreja e que quer dizer: **Corpo de Cristo.**

Esta é uma solenidade que nos faz lembrar os cuidados de Deus para com o seu povo. Muito tempo antes de Jesus nascer, Deus já cuidava deste povo que estava escravo no Egito; Deus com mão forte e poderosa libertou-o da escravidão e, no deserto, deu água para saciar a sua sede e, como alimento, deu um pão que chovia do céu todas as manhãs – o maná; deu também carne de codornizes (cf. Sl 78(77),15-20).

Jesus também deu alimento ao povo que o escutava. Havia apenas cinco pães e dois peixes, e com este alimento Jesus deu de comer a cinco mil homens, sem contar as mulheres e as crianças (cf. Mt 14,14.21).

Antes de morrer, Jesus nos deixou seu maior presente: a **Eucaristia.** Foi na Quinta-feira Santa, durante a sua última ceia com os apóstolos: Jesus se tornou o nosso alimento. Deus não nos dá mais o maná, mas nos dá o Corpo e o Sangue de seu Filho como nosso alimento (cf. Mt 26,26).

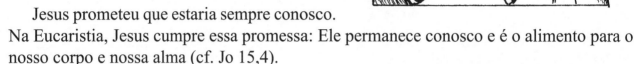

Jesus prometeu que estaria sempre conosco. Na Eucaristia, Jesus cumpre essa promessa: Ele permanece conosco e é o alimento para o nosso corpo e nossa alma (cf. Jo 15,4).

Dia após dia, a cada instante, em cada minuto, no mundo todo, a Igreja celebra a Eucaristia. O cristão é exortado a participar pelo menos uma vez por semana, aos domingos, da Eucaristia.

Uma forma de celebrar esta festa é participar da procissão solene, que leva a Hóstia consagrada pelas ruas de nossa cidade. A procissão desse dia é o testemunho vivo da fé dos cristãos. É uma Igreja peregrina que caminha com Jesus vivo e ressuscitado, que está junto do Pai, preparando muitas moradas para os que nele acreditarem (cf. Jo 14,2).

Vamos 📖 procurar na Bíblia

Ler 1Cor 11,23-25

☆ Qual acontecimento da vida de Jesus é narrado por São Paulo?

_____

☆ Durante a ceia, o que Jesus pega?

_____

☆ O que Jesus diz ao pegar o pão?

_____

✩ O que Jesus diz ao tomar o vinho?

_____

✩ Para quem Jesus dá esse "novo alimento"?

_____

Liturgia na vida

○ Leia com atenção e procure se lembrar em que parte da Celebração da Eucaristia rezamos esta oração:

> "Todas as vezes que comemos deste pão e bebemos
> deste cálice, anunciamos, Senhor, a vossa morte, enquanto
> esperamos a vossa vinda".

_____

_____

_____

9ª Catequese Litúrgica

CELEBRAMOS A VIDA DOS QUE MORRERAM

Se cremos que Jesus morreu e ressuscitou, cremos também que Deus levará com Jesus os que nele morrerem (1Ts 4,14).

Hoje é dia ____ /____ /____
Estamos na _____ semana do tempo _____

Para ler e refletir

No dia 2 de novembro, comemoramos a lembrança das pessoas que já faleceram.

Pensar na morte nos assusta. Nós não compreendemos o seu significado. Nós não aprendemos a morrer, não aprendemos a conviver com a morte das pessoas que nos são queridas.

Cada um tem uma ideia da morte. Quando morre alguém com muita idade ou que estava doente há muito tempo, ouvimos dizer: "Já descansou, foi melhor assim!" Ouvimos, também, dizer: "Morreu, acabou!"

Quando lemos a Carta de São Paulo aos Efésios, percebemos que Deus tem um plano para cada criatura, para cada filho que adotou no Batismo.

Para a pessoa que acredita em Jesus que morreu e ressuscitou, a liturgia da Missa pelos fiéis falecidos proclama: "Para aqueles que creem em Cristo, a vida não é tirada, mas transformada, e desfeito o nosso corpo mortal, nos é dado, nos céus, um corpo imperecível".

A morte não é o fim de tudo. **Jesus disse: "Eu sou a ressurreição e a vida. Quem crê em mim, ainda que esteja morto, viverá. E quem vive e crê em mim jamais morrerá"** (Jo 11,25).

Pelo Batismo, todos somos santos. Existiram pessoas que viveram conforme o Evangelho e a Igreja, comprovando a sua vida santa, os declarou dignos de serem tomados como exemplo. Santa Teresinha, São Francisco, Santo Antônio. Muitas outras pessoas viveram também conforme a vontade de Deus e não foram declaradas santas pela Igreja. Por isso, celebramos a Festa de Todos os Santos no dia 1º de novembro, ou no domingo seguinte, quando o dia primeiro cair em outro dia da semana. Durante a nossa vida devemos procurar viver como São Paulo fala em sua Carta aos Efésios, fazendo a vontade de Deus.

Vamos ler e responder

Carta de São Paulo aos Efésios, capítulo 1,3-9

1) No versículo 4: Desde quando Deus nos escolheu?
_____

2) Ainda no versículo 4: Para que Ele nos escolheu?
_____

3) No versículo 9: O que Deus nos deu a conhecer?
_____

4) Então, confirmando o que lemos, qual é a vontade de Deus para todos nós?
_____

5) Concretamente falando, como podemos ser santos, hoje, em casa com nossos familiares, na escola com nossos colegas, com nossos vizinhos e amigos?
_____
_____

Para ♡ memorizar

✧ Copie de Ef 1,4 o que São Paulo escreve para sermos.

10ª Catequese Litúrgica

ADVENTO: TEMPO DE ESPERA

Alegrai-vos sempre no Senhor. De novo eu vos digo: alegrai-vos! O Senhor está perto (Fl 4,4-5).

Hoje é dia ____ /____ /____

Estamos na _____ semana do tempo _____

Vamos ler para viver o Advento

O Ano Litúrgico se encerra com a Solenidade de Cristo Rei do Universo, celebrada no 34º domingo do Tempo Comum. No domingo seguinte iniciamos um novo ano, na Igreja. É o Tempo do Advento. É um tempo de espera. É um tempo de alegria porque o "Senhor virá".

Isaías anunciava: "o povo que caminhava nas trevas viu uma grande luz" (Is 9,1-5). João Batista foi o último profeta, a sua missão foi preparar a vinda do Messias. Ele dizia: "Preparai o caminho do Senhor, aplainai as suas veredas" (Mt 3,3).

Maria caminha conosco durante o Tempo do Advento. Com Maria esperamos o nascimento de Jesus. Maria é sinal da mulher que não tem medo do sofrimento e das dificuldades. Ela nos ensina a enfrentar os problemas e a ir procurar as soluções. Ela não fica pensando em suas dificuldades, mas vai ajudar a sua prima que também espera um filho.

O Advento é tempo da esperança, aguardamos a chegada do Natal: Jesus vai nascer. As pessoas enfeitam as casas e as ruas. Algumas crianças e jovens, que estudam, já passaram de ano na escola; outros ainda precisam estudar mais um pouco para a recuperação. Ficamos ansiosos para saber qual será o nosso presente de Natal e nos esquecemos do principal, que é a vinda de Jesus.

As leituras das missas do Advento fazem um alerta: "Cuidado, vigiai" (Mt 24,42). "Ele está perto" (Mt 3,2). "Preparai o caminho do Senhor" (Mt 3,3). Somos convidados a agir, não podemos ficar parados enquanto a opressão, o desamor, a desigualdade e outras injustiças existirem em nosso meio. Uns irão ter muitos presentes, uma mesa farta, cheia de boas comidas, bebidas e muitos doces; outros estarão passando fome, sem ter onde ficar, onde dormir, onde celebrar o Natal. Viver o Advento, hoje, é realizar gestos concretos de conversão que transformem a nossa família, a nossa comunidade e a nossa sociedade.

Vamos procurar na Bíblia

Leia Is 45,8

1) Leia com atenção e vamos refletir, respondendo às perguntas:

☆ O povo de Israel usava muitas figuras simbólicas para transmitir a sua mensagem. Eles pedem: "Céus, destilai o orvalho". Pense bem e responda: Quando eles falam "céus" em quem eles estão pensando? _____

☆ Que outras figuras simbólicas eles usaram, neste versículo? _____

☆ Você já viu o orvalho e a chuva? _____

☆ Quando a terra está seca e cai o orvalho, na madrugada, ou quando chove, o que acontece com a terra? _____

☆ Esta Palavra de Deus, em Isaías, quer falar mais do que "o orvalho e a chuva que molha a terra seca". Ela denuncia uma situação de opressão, de sofrimento e de miséria do povo de Israel. Você acredita que a situação de nosso povo, hoje, é diferente da situação em que vivia o povo de Israel? _____

☆ Quais são as injustiças, os sofrimentos e dificuldades que as pessoas: crianças, jovens, adultos e idosos de nossa comunidade vivem? _____

☆ Nesta oração, o povo de Israel pede: "que a terra se abra e que desabroche a salvação". Deus ouviu o clamor de seu povo. Quem Deus enviou para a salvação do mundo?

_____

Nosso gesto concreto

★ Neste Tempo do Advento somos convidados a ser o orvalho e a chuva em nossa família e nossa comunidade. O que você pode fazer para levar a esperança de uma vida mais feliz, onde todos possam levar uma vida digna, como filhos e filhas de Deus? Pense bem e escolha um gesto concreto que você realmente possa fazer, antes do Natal. Este vai ser o seu compromisso com Jesus, neste ano, que está terminando.

_____
_____
_____

Para  você memorizar

Durante a celebração da Eucaristia, depois da consagração, o sacerdote diz: Eis o Mistério da Fé". Nós respondemos:

> "Anunciamos, Senhor, a vossa morte e proclamamos a vossa ressurreição.
> Vinde, Senhor Jesus."

> "Todas as vezes que comemos deste pão e bebemos deste cálice, anunciamos, Senhor, a vossa morte, enquanto esperamos a vossa vinda."

Vamos desenhar e pintar

O fim do ano está chegando. Observamos que as pessoas estão agitadas; as lojas e as praças estão enfeitadas com muitas luzes, com arranjos coloridos, velas e muitas bolas coloridas. As pessoas procuram arrumar e enfeitar a sua casa preparando-se para o Natal. Arrumar e enfeitar faz parte do Tempo do Advento.

O povo de Israel também se preparou para a vinda do Messias. Isaías canta anunciando este acontecimento: "O povo que caminhava nas trevas viu uma grande Luz" (Is 9,1). A grande Luz, que veio para iluminar o mundo que vivia nas trevas do sofrimento, da dor, da angústia, é Jesus.

A Luz que ilumina é símbolo de Jesus. Por isso, no Natal, enfeitamos nossa casa com velas. Enfeitamos as velas com folhas verdes de pinheiro ou cipreste, porque esta planta, mesmo com um frio intenso, na neve, conserva a cor verde, enquanto outras plantas secam. Usamos fitas coloridas, principalmente a de cor vermelha. Esta cor é símbolo do amor de Deus por todos os homens, mulheres e crianças e é sinal do amor que devemos ter por Deus e por todos os nossos irmãos e irmãs.

❖ Vamos desenhar e pintar uma vela, bem bonita, enfeitada com folhas verdes e fita vermelha.

❖ Você pode pegar uma folha de papel, cortar na metade e dobrar no meio. Na parte de fora do papel você pode desenhar a vela enfeitada e pintar. Escrever dentro uma mensagem e enviar para seus amigos. Viu como é fácil fazer cartões de Natal!

11ª Catequese Litúrgica

NATAL: "E O VERBO SE FEZ CARNE E HABITOU ENTRE NÓS"

> Glória a Deus nas alturas e paz na terra aos homens por Ele amados (Lc 2,14).

Hoje é dia _____ / _____ / _____
Estamos na _____ semana do tempo _____

Vamos ler e refletir

Estamos no final do ano. A cidade já está toda enfeitada com flores, fitas, árvores de Natal e luzes. É o Natal que está chegando. Natal quer dizer nascimento. No Natal celebramos o nascimento de Jesus. Jesus é o Filho de Deus. O Evangelho de São João começa assim: "No princípio era o Verbo e o Verbo estava com Deus. E o Verbo se fez carne e habitou entre nós" (Jo 1,1-2.14).

Quando escrevemos, sempre precisamos usar um verbo, esta palavra indica uma ação, por exemplo, correr, comer, chorar. João diz que "o Verbo se fez carne". Jesus é o **Verbo** de Deus. Jesus veio ao mundo para realizar, para fazer, para agir, para ensinar, para curar, para acolher, para abençoar.

Jesus nasceu pequenino, num presépio. Ele quis nascer pobre entre os mais pobres, os pastores. Maria colocou Jesus na palha em uma manjedoura.

O primeiro presépio foi montado por São Francisco em 1223, na Itália, para explicar ao povo do lugar o nascimento de Jesus.

O presépio nos ensina que para Deus todos são iguais. Nosso coração deve ser simples e humilde para poder acolher Jesus. No presépio estão os animais, os pastores, os anjos, estão Maria e José, todos são iguais. Jesus veio para todos.

Estar com Jesus no presépio é acolher aquele que está perto de nós. Acolher sem olhar se é jovem, adulto ou criança, acolher o amigo, aquele que gosta de mim ou aquele que não gosta, acolher quem eu gosto e quem eu não gosto.

Eu não posso celebrar o Natal sozinho. O Natal só é Natal se eu partilhar minha vida, minhas coisas, meu tempo com alguém.

O Natal se celebra na comunidade juntos, onde todos podem receber e dar acolhendo a Palavra de Deus que diz: "Amai-vos como eu vos amo" (Jo 15,12).

Vamos 📖 procurar na Bíblia

1) Vamos ler **Tt 2,11-12** com muita atenção e responder:

☆ Como a graça de Deus se manifestou no mundo?
___
___

☆ Quando Jesus nasceu, quem estava com Ele no presépio?
___
___

☆ O que Jesus nos ensinou?
___
___

☆ Que gestos concretos você pode realizar neste Natal, como compromisso do seu amor por Jesus?
___
___

2) Complete a cruzadinha respondendo as perguntas. No centro vai aparecer escrito a saudação típica usada no Tempo do Natal.

a) O que é o Natal para nós?

b) Quem foi o esposo de Maria?

c) Qual foi o canto dos anjos na noite do nascimento de Jesus?

d) Quem foi a Mãe de Jesus?

e) O que envolveu os pastores na noite de Natal?

f) Quem contou a Boa-Nova aos pastores?

g) Em que Maria envolveu Jesus?

h) Quem pastoreava as ovelhas?

i) O que Jesus é para nós?

j) Em que cidade Jesus nasceu?

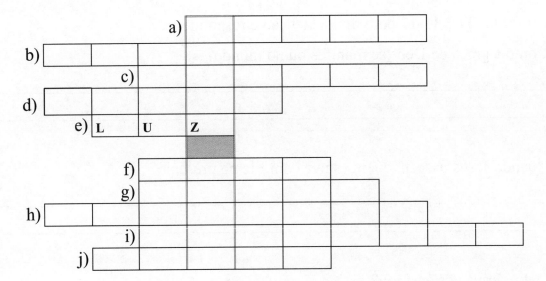

Para você pintar

Você pode usar estas figuras para fazer seus cartões de Natal.

132

Vamos enfeitar a mesa para o almoço do Natal?

Para isso siga as orientações de seu catequista.

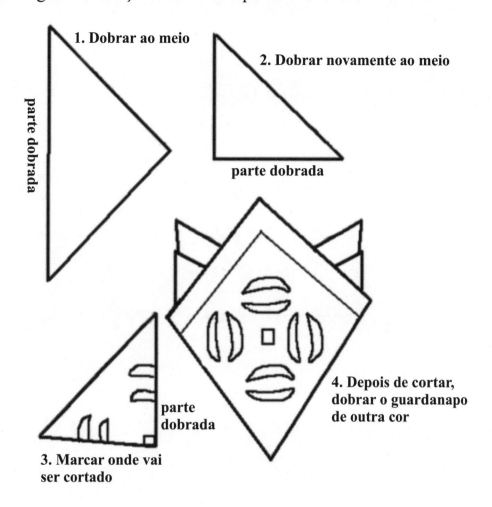

Observação: Para os seus cartões de Natal você pode fazer colagens usando esta forma de recortar papéis.

Cantos

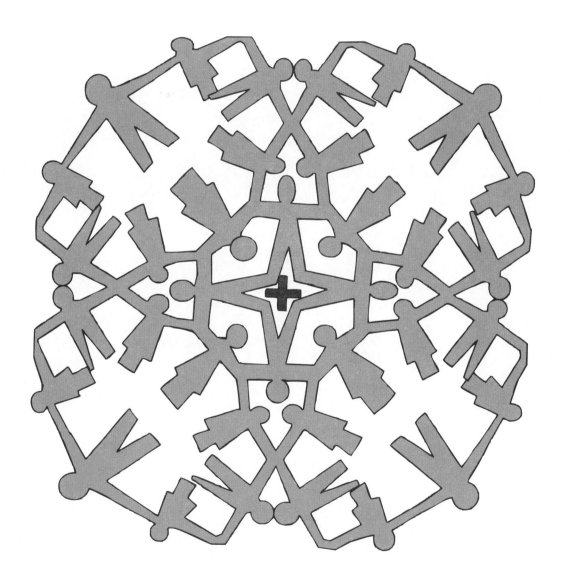

1. EIS-ME AQUI, SENHOR

Eis-me aqui, Senhor! Eis-me aqui, Senhor!
Pra fazer tua vontade, Pra viver o teu amor
Pra fazer tua vontade, Pra viver o teu amor:
Eis-me aqui, Senhor!

1. O Senhor é o Pastor que me conduz
   Por caminhos nunca vistos me enviou
   Sou chamado a ser fermento, sal e luz
   E por isso respondi: aqui estou!

2. Ele pôs em minha boca uma canção
   Me ungiu como profeta trovador
   Da história e da vida do meu povo
   E por isso respondi: aqui estou!

3. Ponho a minha confiança no Senhor
   Da esperança sou chamado a ser sinal
   Seu ouvido se inclinou a meu clamor
   E por isso respondi: aqui estou!

> (KOLLING, Ir. Míria T. et al.
> **Cantos e Orações**: para a liturgia da missa,
> celebrações e encontros. Petrópolis: Vozes, 2004, 557).

2. TODA BÍBLIA É COMUNICAÇÃO

Toda Bíblia é comunicação de um Deus amor, de um Deus irmão,
É feliz quem crê na revelação, quem tem Deus no coração.

1. Jesus Cristo é a Palavra. Pura imagem de Deus Pai.
   Ele é vida e verdade, a suprema caridade.

2. Os profetas sempre mostram a vontade do Senhor
   precisamos ser profetas para o mundo ser melhor.

3. Nossa fé se fundamenta na palavra dos apóstolos
   João, Mateus, Marcos e Lucas transmitiram a fé.

4. Vinde a nós, ó Santo Espírito, vinde nos iluminar
   A Palavra que nos salva nós queremos conservar.

> (KOLLING, Ir. Míria T. et al.
> **Cantos e Orações**: para a liturgia da missa,
> celebrações e encontros. Petrópolis: Vozes, 2004, 536).

3. A VOSSA PALAVRA, SENHOR

A vossa Palavra, Senhor, é sinal de interesse por nós.
A vossa Palavra, Senhor, é sinal de interesse por nós.

1. Como um Pai ao redor da mesa, revelando seus planos de amor.

2. É feliz quem escuta a Palavra, e a guarda no seu coração.

3. Neste encontro da Eucaristia, aprendemos a grande lição!

> (KOLLING, Ir. Míria T. et al.
> **Cantos e Orações**: para a liturgia da missa,
> celebrações e encontros. Petrópolis: Vozes, 2004, 668).

4. BUSCAI PRIMEIRO O REINO DE DEUS

1. Buscai primeiro o Reino de Deus e a sua justiça. E tudo mais vos será acrescentado, **aleluia, aleluia.**

2. Não só de pão o homem viverá. Mas de toda palavra que procede da boca de Deus.

Aleluia, aleluia.

3. Se vos perseguem por causa de mim, não esqueçais o porquê.
   É o servo, maior que o Senhor, aleluia, aleluia.

> (KOLLING, Ir. Míria T. et al.
> **Cantos e Orações**: para a liturgia da missa,
> celebrações e encontros. Petrópolis: Vozes, 2004, 1402).

5. SHEMÁ ISRAEL

SHEMÁ ISRAEL ADONAI ELOHENU ADONAI EHAD!
ESCUTA, ISRAEL, O SENHOR É NOSSO DEUS! UM É O SENHOR.

> (KOLLING, Ir. Míria T. et al. **Cantos e Orações**: para a
> liturgia da missa, celebrações e encontros. Petrópolis: Vozes,
> 2004, 661).

6. ESCUTA, ISRAEL

Solo: Escuta, Israel, o Senhor, teu Deus, quer falar!
Todos: Fala, Senhor meu Deus, Israel quer te escutar!

> (KOLLING, Ir. Míria T. et al.
> **Cantos e Orações**: para a liturgia da missa,
> celebrações e encontros. Petrópolis: Vozes, 2004, 659).

7. VEM, E EU MOSTRAREI

1. Vem, eu mostrarei que o meu caminho te leva ao
Pai, guiarei os passos teus e junto a ti hei de seguir.
Sim, eu irei e saberei como chegar ao fim, de onde
vim, aonde vou: por onde irás, irei também.

2. Vem, eu te direi o que ainda estás a procurar.
A verdade é como o sol e invadirá teu coração.
Sim, eu irei e aprenderei minha razão de ser.
Eu creio em ti que crês em mim e a tua luz verei a luz.

3. Vem, e eu te farei da minha vida participar.
Viverás em mim aqui. Viver em mim é o bem maior.
Sim eu irei, e viverei a vida inteira assim.
Eternidade é, na verdade, o Amor vivendo sempre
em nós.

4. Vem, que a terra espera quem possa e queira realizar com amor a construção de um mundo novo,
muito melhor. Sim eu irei, e levarei teu nome a
meus irmãos. Iremos nós e o teu amor vai construir
enfim a PAZ.

(KOLLING, Ir. Míria T. et al.
Cantos e Orações: para a liturgia da missa,
celebrações e encontros. Petrópolis: Vozes, 2004, 739).

8. PELOS PRADOS

1. Pelos prados e campinas verdejantes eu vou.
É o Senhor que me leva a descansar.
Junto às fontes de águas puras, repousantes, eu vou.
Minhas forças o Senhor vai animar!

Tu és, Senhor, o meu pastor!

Por isso nada em minha vida faltará! (2x)

2. Nos caminhos mais seguros, junto dele eu vou!
E pra sempre o seu nome eu honrarei.
Se eu encontro mil abismos nos caminhos eu vou!
Segurança sempre tenho em suas mãos.

3. No banquete em sua casa, muito alegre eu vou!
Um lugar em sua mesa me preparou.
Ele unge minha fronte e me faz ser feliz.
E transborda minha taça em seu amor.

4. Com alegria e esperança, caminhando eu vou!
Minha vida está sempre em suas mãos.

E na casa do Senhor eu irei habitar.
E pra sempre este canto irei cantar!

(KOLLING, Ir. Míria T. et al.
Cantos e Orações: para a liturgia da missa,
celebrações e encontros. Petrópolis: Vozes, 2004, 740).

9. SABES, SENHOR

**Sabes, Senhor, o que temos é tão pouco pra dar,
mas este pouco nós queremos com os irmãos
compartilhar.**

1. Queremos nesta hora, diante dos irmãos, compro-
meter a vida, buscando a união.

2. Sabemos que é difícil os bens compartilhar:
mas com a tua graça, Senhor, queremos dar.

3. Olhando teu exemplo, Senhor, vamos seguir,
fazendo o bem a todos, sem nada exigir.

(KOLLING, Ir. Míria T. et al.
Cantos e Orações: para a liturgia da missa,
celebrações e encontros. Petrópolis: Vozes, 2004, 148).

10. "TU ME CONHECES"

1. Tu me conheces quando estou sentado /
Tu me conheces quando estou de pé.
Vês claramente quando estou andando, /
Quando repouso tu também me vês.
Se pelas costas sinto que me abranges /
também de frente sei que me percebes.
Para ficar longe de teu Espírito.
O que farei? Aonde irei não sei?

Para onde irei? Para onde fugirei?

Se subo ao céu ou se me prostro no abismo,

Eu te encontro lá.

Para onde irei? Para onde fugirei?

Se estás no alto da montanha verdejante

Ou nos confins do mar?

2. Se eu disser: Que as trevas me escondam /
E que não haja luz onde eu passar.
Pra ti a noite é clara como o dia. /
Nada se oculta ao teu divino olhar.
Tu me tecestes no seio materno, /
E definistes todo o meu viver.

As tuas obras são maravilhosas. /
Que maravilha, meu Senhor, sou eu.

3. Dá-me tuas mãos, ó meu Senhor bendito. /
Benditas sejam sempre as suas mãos.
Prova-me Deus e vê meus pensamentos. /
Olha-me Deus e vê meu coração.
Livra-me Deus de todo mau caminho /
Quero viver, quero sorrir, cantar.
Pelo caminho da eternidade, /
Senhor, terei toda a felicidade.

(KOLLING, Ir. Míria T. et al.
Cantos e Orações: para a liturgia da missa,
celebrações e encontros. Petrópolis: Vozes, 2004, 844).

11. IRMÃO SOL, COM IRMÃ LUZ

Irmão sol, com irmã luz, trazendo o dia pela mão
Irmão céu, de imenso azul a invadir o coração, aleluia!
Irmãos, minhas irmãs, vamos cantar nesta manhã,
Pois renasceu mais uma vez a criação das mãos de
Deus.
Irmãos, minhas irmãs, vamos cantar, aleluia, ale-
luia, aleluia.

2. Minha irmã terra, que dá ao pé segurança de chegar; Minha irmã planta que está suavemente a respirar, aleluia.

3. Irmã flor que mal se abriu fala do amor que não tem
fim. Água irmã, que nos refaz e sai do chão cantando assim, aleluia.

4. Passarinhos, meus irmãos, com mil canções a ir e
vir; homens, todos, meus irmãos, que nossa voz se
faça ouvir, aleluia.

(KOLLING, Ir. Míria T. et al.
Cantos e Orações: para a liturgia da missa,
celebrações e encontros. Petrópolis: Vozes, 2004, 1435).

12. QUE PODEREI RETRIBUIR (SI 115)

1. Que poderei retribuir ao Senhor por tudo aquilo que
Ele me deu?!

Oferecerei o seu sacrifício e invocarei o seu santo
nome.

2. Que poderei oferecer ao meu Deus pelos imensos
benefícios que me fez?

3. Eu cumprirei minha promessa ao Senhor na reunião
do povo santo de Deus.

4. Vós me quebrastes os grilhões da escravidão, e é
por isso que hoje canto vosso Amor.

(KOLLING, Ir. Míria T. et al.
Cantos e Orações: para a liturgia da missa,
celebrações e encontros. Petrópolis: Vozes, 2004, 390).

13. POR MELHOR QUE SEJA ALGUÉM

1. Por melhor que seja alguém,
chega o dia em que há de faltar.
Só o Deus vivo a palavra mantém
E jamais Ele há de falhar.

Quero cantar ao Senhor,
Sempre enquanto eu viver
Hei de provar seu amor,
Seu valor e seu poder.

2. Nosso Deus põe-se de lado
Dos famintos e injustiçados,
Dos pobres e oprimidos,
Dos injustamente vencidos.

3. Ele barra o caminho dos maus,
Que exploram sem compaixão;
Mas dá força ao braço dos bons,
Que sustentam o peso do irmão.

4. Esse é o nosso Deus.
Seu poder permanece sempre,
Sua força é a força da gente.
Vamos todos louvar nosso Deus!

(KOLLING, Ir. Míria T. et al.
Cantos e Orações: para a liturgia da missa,
celebrações e encontros. Petrópolis: Vozes, 2004, 846).

14. EU TE EXALTAREI

1. Eu te exaltarei, meu Deus e Rei. Por todas as gera-
ções. És o meu Senhor, Pai que me quer no amor!

Entoai ação de graças, e cantai um canto novo!
Aclamai a Deus Javé. Aclamai com amor e fé.

2. Eu vou reunir Jerusalém / pra te louvar, ó Senhor
Te glorificar ao dar-se a tua paz!

3. Ao me revelar a tua lei / as tuas mãos eu senti.
Sim te louvarei, enquant'eu existir.

(KOLLING, Ir. Míria T. et al.
Cantos e Orações: para a liturgia da missa,
celebrações e encontros. Petrópolis: Vozes, 2004, 459).

15. SEU NOME É JESUS CRISTO

1. Seu nome é Jesus Cristo e passa fome
   E grita pela boca dos famintos;
   e a gente, quando vê passa adiante,
   Às vezes, pra chegar depressa à igreja.
   Seu nome é Jesus Cristo e está sem casa;
   e dorme pela beira das calçadas
   e a gente quando vê aperta o passo
   e diz que ele dormiu embriagado.

Entre nós está e não o conhecemos

Entre nós está e nós o desprezamos (bis)

2. Seu nome é Jesus Cristo e é analfabeto
   e vive mendigando um subemprego,
   e a gente, quando vê diz: "é um à toa!"
   melhor que trabalhasse e não pedisse.
   Seu nome é Jesus Cristo e está banido
   das rodas sociais e das igrejas porque
   dele fizeram um rei potente,
   enquanto que ele vive pobre.

3. Seu nome é Jesus Cristo e está doente,
   e vive atrás das grades da cadeia
   e nós, tão raramente, vamos vê-lo,
   sabemos que ele é um marginal.
   Seu nome é Jesus Cristo e anda sedento,
   por um mundo de amor e de justiça,
   mas logo, que contesta pela paz,
   a ordem o obriga a ser da guerra.

4. Seu nome é Jesus Cristo e é difamado,
   e vive nos imundos meretrícios,
   mas muitos o expulsam da cidade,
   com medo de estender a mão a ele.
   Seu nome é Jesus Cristo e é todo homem,
   que vive neste mundo, ou quer viver, pois
   pra ele não existem mais fronteiras,
   só quer fazer de nós, todos irmãos.

(KOLLING, Ir. Míria T. et al.
Cantos e Orações: para a liturgia da missa,
celebrações e encontros. Petrópolis: Vozes, 2004, 1397).

16. VEM, SENHOR, NOS SALVAR!

Vem, Senhor, nos salvar; vem, sem demora, nos dar a paz!

1. O Senhor é fiel para sempre, faz justiça aos que são oprimidos; ele dá alimento aos famintos, é o Senhor quem liberta os cativos.

2. O Senhor abre os olhos aos cegos, o Senhor faz erguer-se o caído; o Senhor ama aquele que é justo, é o Senhor quem protege o estrangeiro.

3. Ele ampara a viúva e o órfão, mas confunde os caminhos dos maus. O Senhor reinará para sempre, ó Sião, o teu Deus reinará!

17. O POVO DE DEUS NO DESERTO ANDAVA

1. O povo de Deus no deserto andava,
   mas a sua frente alguém caminhava.
   O povo de Deus, era rico de nada,
   só tinha a esperança e o pó da estrada.

Também sou teu povo, Senhor, e estou nesta estrada.

Somente a tua graça me basta e mais nada.

2. O povo de Deus, também vacilava.
   Às vezes custava a crer no amor.
   O povo de Deus, chorando rezava,
   pedia perdão e recomeçava.

3. O povo de Deus também teve fome,
   E tu lhe mandaste o pão lá do céu
   O povo de Deus cantando deu graças.
   Provou o teu amor, teu amor que não passa.

4. O povo de Deus ao longe avistou.
   A terra querida que o amor preparou.
   O povo de Deus corria e cantava
   e nos seus louvores, seu poder proclamava.

(KOLLING, Ir. Míria T. et al.
Cantos e Orações: para a liturgia da missa,
celebrações e encontros. Petrópolis: Vozes, 2004, 1371).

18. UM CORAÇÃO PARA AMAR

1. Um coração para amar, pra perdoar e sentir, para chorar e sorrir, ao me criar tu me deste. Um coração pra sonhar, inquieto e sempre a bater, ansioso por entender as coisas que tu disseste.

Eis o que eu venho te dar, eis o que eu ponho no altar. Toma, Senhor, que ele é teu. Meu coração não é meu.

2. Quero que o meu coração seja tão cheio de paz que não se sinta capaz de sentir ódio ou rancor quero que a minha oração possa me amadurecer, leve-me a compreender as consequências do amor.

(KOLLING, Ir. Míria T. et al.
Cantos e Orações: para a liturgia da missa, celebrações e encontros. Petrópolis: Vozes, 2004, 706).

19. OUTRA VEZ ME VEJO SÓ (NAVEGAR)

1. Outra vez me vejo só com meu Deus
   Não consigo mais fugir, fugir de mim...
   Junto às águas deste mar, vou lutar
   Hoje quero me encontrar
   Buscar o meu lugar!

Vou navegar (nas águas deste mar)

Navegar (eu quero me encontrar)

Navegar (não posso mais fugir)

Vou procurar (nas águas mais profundas)

No mar (feliz eu vou seguir)

Só amar (buscar o meu lugar)

Se duvidas, sem medo de sonhar!

2. Ó Jesus, com fé eu te seguirei
   Só contigo sou feliz, tu és em mim!
   Teu Espírito de amor criador
   Me sustenta no meu sim
   Me lança neste mar!

3. Vivo a certeza desta missão
   Já não posso desistir, voltar atrás
   Mãe Maria, vem tomar minha mão

E me ajuda a ser fiel!
Só Cristo é luz e paz.

(KOLLING, Ir. Míria T. et al.
Cantos e Orações: para a liturgia da missa, celebrações e encontros. Petrópolis: Vozes, 2004, 579).

20. EM ÁGUAS MAIS PROFUNDAS

1. Em águas mais profundas
   Vamos lançar as nossas redes
   E, sem mais descansar
   Saciaremos nossa sede
   De sermos uma Igreja
   Toda ministerial
   Na graça recebida
   Junto à fonte batismal!

Assembleia dos chamados

Escolhidos aos ministérios

Em missão pela Trindade

Coração deste mistério!

2. Formamos um só corpo
   Vocacionados à santidade
   Diversos nos carismas
   Mas a serviço da unidade
   Doando a nossa vida
   Em favor da humanidade
   Discípulos do Mestre
   Vida entregue, oblação!

3. A graça recebida
   No Sacramento do Batismo
   Nos faz seguir Jesus
   Povo fiel, ressuscitado
   "fazendo ao largo"
   Sempre ousando o mais além
   Surpresa do amor
   Que nos convoca uma vez mais!

(KOLLING, Ir. Míria T. et al.
Cantos e Orações: para a liturgia da missa, celebrações e encontros. Petrópolis: Vozes, 2004, 585).

21. BENDITO SEJA O SENHOR – CÂNTICO DE ZACARIAS

Bendito seja o Senhor, Deus de Israel: Ele visita seu povo, e nos salva!

1. Bendito seja o Senhor Deus de Israel, porque a seu povo visitou e libertou; e fez surgir um poderoso Salvador na casa de Davi, seu servidor.

2. Como falara pela boca de seus santos, os profetas desde os tempos mais antigos, para salvar-nos do poder dos inimigos e da mão de todos quantos nos odeiam.

3. Assim mostrou misericórdia a nossos pais, recordando a sua santa Aliança e o juramento a Abraão, o nosso pai, de conceder-nos que, libertos do inimigo,

4. A Ele nós sirvamos sem temor, em santidade e justiça diante dele, enquanto perdurarem nossos dias.

5. Serás profeta do Altíssimo, ó menino, pois irás andando à frente do Senhor para aplainar e preparar os caminhos, anunciando ao seu povo a salvação, que está na remissão dos seus pecados.

6. Pelo amor do coração de nosso Deus, Sol nascente que nos veio visitar lá do alto como luz resplandecente a iluminar a quantos jazem entre as trevas,

7. E na sombra da morte estão sentados, e no caminho da paz guiar nossos passos. Glória ao Pai e ao Filho e ao Espírito Santo, como era no princípio, agora e sempre. Amém.

(KOLLING, Ir. Míria T. et al.
Cantos e Orações: para a liturgia da missa,
celebrações e encontros. Petrópolis: Vozes, 2004, 1441).

22. QUANDO TEU PAI

Quando teu Pai revelou o segredo a Maria, que pela força do Espírito conceberia.

A ti, Jesus, ela não hesitou logo em responder: Faça-se em mim pobre serva o que Deus aprouver. / Hoje imitando Maria que é a imagem da Igreja, nossa família te recebe e deseja.

Cheia de fé, de esperança e de amor, dizer SIM a Deus: Eis aqui os teus servos, Senhor!

Que a graça de Deus cresça em nós, sem cessar, e de ti nosso Pai, venha o Espírito Santo de amor, pra gerar e formar, Cristo em nós.

2. Por um decreto do Pai, ela foi escolhida, para gerar-te, ó Senhor, que és origem da vida. Cheia do Espírito Santo no corpo e no coração, foi quem melhor cooperou com a tua missão. /

Na comunhão recebemos o Espírito Santo, e vem contigo, Jesus, o teu Pai sacrossanto. Vamos agora ajudar-te no plano da Salvação: Eis aqui os teus servos, Senhor.

3. No coração de Maria, no olhar doce e terno, sempre tivestes na vida, um apoio materno.

Desde Belém, Nazaré, só viveu para te servir. Quando morrias na cruz, tua Mãe estava ali. Mãe amorosa da Igreja, quer ser nosso auxílio, reproduzir no cristão as feições de seu Filho. / Como ela fez em Caná, nos convida a te obedecer: Eis aqui os teus servos, Senhor!

(KOLLING, Ir. Míria T. et al.
Cantos e Orações: para a liturgia da missa,
celebrações e encontros. Petrópolis: Vozes, 2004), 1160.

23. DEUS ENVIOU (PORQUE ELE VIVE)

Deus enviou seu Filho amado para morrer no meu lugar.

Na cruz pagou, por meus pecados, mas o sepulcro vazio está, porque Ele vive.

PORQUE ELE VIVE, EU POSSO CRER NO AMANHÃ.

PORQUE ELE VIVE, TEMOR NÃO HÁ! MAS EU BEM SEI QUE O MEU FUTURO ESTÁ NAS MÃOS DE MEU JESUS, QUE VIVO ESTÁ.

Um dia eu vou cruzar os rios e verei então um céu de luz.

Verei que lá, em plena glória, vitorioso meu Redentor pra sempre reina.

(KOLLING, Ir. Míria T. et al.
Cantos e Orações: para a liturgia da missa,
celebrações e encontros. Petrópolis: Vozes, 2004, 307).

24. CRISTO RESSUSCITOU

Cristo ressuscitou, aleluia, venceu a morte com amor.

Cristo ressuscitou, aleluia, venceu a morte com amor. Aleluia.

Tendo vencido a morte, o Senhor ficará para sempre entre nós para manter viva a chama do amor que reside em cada cristão, a caminho do Pai.

Tendo vencido a morte, o Senhor nos abriu horizonte feliz, pois nosso peregrinar pela face do mundo terá seu final na morada do Pai.

KOLLING, Ir. Míria T. et al.
Cantos e Orações: para a liturgia da missa, celebrações e encontros. Petrópolis: Vozes, 2004, 305).

25. IMACULADA

Imaculada Maria de Deus, Coração pobre, acolhendo Jesus!

Imaculada Maria do povo, Mãe dos aflitos que estão junto à cruz!

1. Um coração que era Sim para a vida, um coração que era Sim para o irmão, um coração que era Sim para Deus, Reino de Deus renovando este chão!

2. Olhos abertos pra sede do povo, passo bem firme que o medo desterra, mãos estendidas que os tronos renegam. Reino de Deus que renova esta terra!

3. Faça-se, ó Pai, vossa plena vontade: que os nossos passos se tornem memória do amor fiel que Maria gerou: Reino de Deus atuando na história!

KOLLING, Ir. Míria T. et al.
Cantos e Orações: para a liturgia da missa, celebrações e encontros. Petrópolis: Vozes, 2004, 1203).

26. MARIA DE NAZARÉ!

1. Maria de Nazaré, Maria me cativou, fez mais forte a minha fé, e por filho me adotou! Às vezes eu paro e fico a pensar, e sem perceber me vejo a rezar.
E meu coração se põe a cantar pra Virgem de Nazaré!
Menina que Deus amou e escolheu pra mãe de Jesus, o Filho de Deus,
Maria que o povo inteiro elegeu, Senhora e Mãe do céu.

Ave Maria, Ave Maria! Ave Maria, Mãe do Senhor.

2. Maria que eu quero bem, Maria do puro amor,
Igual a você ninguém, Mãe pura do meu Senhor!
Em cada mulher que a terra criou, um traço de Deus Maria deixou.
Um sonho de mãe Maria plantou pro mundo encontrar a paz.
Maria que fez o Cristo falar. Maria que fez Jesus caminhar.
Maria que só viveu pra seu Deus, Maria do povo meu.

KOLLING, Ir. Míria T. et al.
Cantos e Orações: para a liturgia da missa, celebrações e encontros. Petrópolis: Vozes, 2004,1201).

27. COM MINHA MÃE 'STAREI

1. Com minha mãe 'starei,
na santa glória um dia,
Ao lado de Maria, no céu triunfarei.

No céu, no céu, com minha mãe 'starei.

2. Com minha mãe 'starei, aos anjos me ajuntando, e hinos entoando, louvores lhe darei.

3. Com minha mãe 'starei, então coroa digna, de sua mão benigna feliz receberei.

4. Com minha mãe 'starei, e sempre neste exílio, de seu piedoso auxílio com fé me valerei.

KOLLING, Ir. Míria T. et al.
Cantos e Orações: para a liturgia da missa, celebrações e encontros. Petrópolis: Vozes, 2004, 1195).

28. UMA ENTRE TODAS

1. Uma entre todas foi a escolhida. Foste tu, Maria, serva preferida, Mãe do meu Senhor, Mãe do meu Salvador.

Maria, cheia de graça e consolo, vem caminhar com teu povo. Nossa Mãe sempre serás.

2. Roga pelos pecadores desta terra. Roga pelo povo que em Deus espera. Mãe do meu Senhor, Mãe do meu Salvador.

KOLLING, Ir. Míria T. et al.
Cantos e Orações: para a liturgia da missa, celebrações e encontros. Petrópolis: Vozes, 2004, 1215).

29. CANTAR A BELEZA DA VIDA

1. Cantar a beleza da vida, presente do amor sem igual:
   missão do teu povo escolhido. Senhor, vem livrar-nos do mal!

Vem dar-nos teu filho, Senhor, sustento no pão e no vinho

e a força do Espírito Santo, unindo teu povo a caminho!

2. Falar do teu filho às nações, vivendo como Ele viveu: missão do teu povo escolhido. Senhor, vem cuidar do que é teu!

3. Viver o perdão sem medida, servir sem jamais condenar: missão do teu povo escolhido. Senhor, vem conosco ficar!

4. Erguer os que estão humilhados, doar-se aos pequenos, aos pobres: missão do teu povo escolhido. Senhor, nossas forças redobre!

5. Buscar a verdade, a justiça, nas trevas brilhar como a luz: missão do teu povo escolhido. Senhor, nossos passos conduz!

6. Andar os caminhos do mundo, plantando teu Reino de paz: missão do teu povo escolhido. Senhor, nossos passos refaz!

7. Fazer deste mundo um só povo, fraterno, a serviço da vida: missão do teu povo escolhido. Senhor, vem nutrir nossa lida!

> (KOLLING, Ir. Míria T. et al.
> **Cantos e Orações**: para a liturgia da missa,
> celebrações e encontros. Petrópolis: Vozes, 2004, 347).

30. A NÓS DESCEI DIVINA LUZ

A nós descei, Divina Luz (2x)

Em nossas almas acendei,

O amor, o amor de Jesus (2x)

1. Vós sois a alma da Igreja
   Vós sois a vida, sois o amor
   Vós sois a graça benfazeja,
   Que nos irmana no Senhor.

2. Divino Espírito, ajudai-nos,
   Os corações vinde inflamar.
   O vosso povo vos implora
   Sois Deus que vem nos amparar.

> (KOLLING, Ir. Míria T. et al.
> **Cantos e Orações**: para a liturgia da missa,
> celebrações e encontros. Petrópolis: Vozes, 2004, 361).

31. VEM, ESPÍRITO SANTO, VEM!

Vem, Espírito Santo, vem, vem iluminar.

1. Nossos caminhos vem/ **T. Iluminar!**
   Nossas ideias vem/ **T. Iluminar!**
   Nossas angústias vem/ **T. Iluminar!**
   As incertezas vem/ **T. Iluminar!**

2. Toda a Igreja vem/ **T. Iluminar!**
   A nossa vida vem/ **T. Iluminar!**
   Nossas famílias vem/ **T. Iluminar!**
   Toda a terra vem/ **T. Iluminar!**

> (KOLLING, Ir. Míria T. et al.
> **Cantos e Orações**: para a liturgia da missa,
> celebrações e encontros. Petrópolis: Vozes, 2004, 356).

32. EU NAVEGAREI

1. Eu navegarei no oceano do Espírito
   E ali adorarei ao Deus, ao Deus
   do meu amor (2x)

Espírito, Espírito, que desce como fogo

Vem como em Pentecostes

E enche-me de novo (bis)

2. Eu adorarei ao Deus da minha vida,
   Que me compreendeu
   Sem nenhuma explicação (2x)

3. Eu servirei ao meu Deus fiel,
   Ao meu libertador,
   Aquele que venceu.

> (KOLLING, Ir. Míria T. et al.
> **Cantos e Orações**: para a liturgia da missa,
> celebrações e encontros. Petrópolis: Vozes, 2004, 369).

33. VEM, MARIA, VEM NOS AJUDAR

Vem, Maria, vem, vem nos ajudar neste caminhar tão difícil, rumo ao Pai.

1. Vem, querida Mãe, nos ensinar
as testemunhas do Amor, que fez do teu corpo sua
morada, que se abriu pra receber o Salvador!

2. Nós queremos, ó Mãe, responder ao Amor do Cristo Salvador. Cheios de ternura, colocamos confiantes em tuas mãos, esta oração.

(KOLLING, Ir. Míria T. et al.
Cantos e Orações: para a liturgia da missa,
celebrações e encontros. Petrópolis: Vozes, 2004, 1205).

34. PROVA DE AMOR

Prova de amor maior não há que doar a vida pelo irmão.

1. Eis que eu vos dou o meu novo mandamento:
"Amai-vos uns aos outros, como eu vos tenho amado".

2. Vós sereis os meus amigos, se seguirdes meu preceito.
"Amai-vos uns aos outros, como eu vos tenho amado".

3. Como o Pai sempre me ama, assim também eu vos amei:
"Amai-vos uns aos outros, como eu vos tenho amado.

4. Permanecei em meu amor e segui meu mandamento:
"Amai-vos uns aos outros, como eu vos tenho amado".

5. E chegando a minha Páscoa, vos amei até o fim:
"Amai-vos uns aos outros como eu vos tenho amado".

6. Nisto todos saberão que vós sois os meus discípulos: "Amai-vos uns aos outros, como eu vos tenho amado'.

(KOLLING, Ir. Míria T. et al.
Cantos e Orações: para a liturgia da missa,
celebrações e encontros. Petrópolis: Vozes, 2004, 201).

35. EU VIM PARA QUE TENHAM VIDA

**"Eu vim para que todos tenham vida
que todos tenham vida plenamente"**

1. Reconstrói a tua vida em comunhão com teu Senhor;
Reconstrói a tua vida em comunhão com teu irmão: onde está o teu irmão, eu estou presente nele.

2. Quem comer o Pão da Vida viverá eternamente. Tenho pena deste povo que não tem o que comer.
Onde está o irmão com fome, eu estou presente nele.

3. "Eu passei fazendo o bem, eu curei todos os males".
Hoje és minha presença junto a todo sofredor:
onde sofre o teu irmão, eu estou sofrendo nele.

4. "Entreguei a minha vida pela salvação de todos".
Reconstrói, protege a vida de indefesos e inocentes:
onde morre o teu irmão, eu estou morrendo nele.

5. "Vim buscar e vim salvar o que estava já perdido".
Busca, salva e reconduze a quem perdeu toda a esperança: onde salvas teu irmão, tu me estás salvando nele.

6. Não apago o fogo tênue do pavio que ainda fumega.
Reconstrói e reanima toda vida que se apaga. Onde vive o teu irmão, eu estou vivendo nele.

7. Salvará a sua vida quem a perde, quem a doa. Eu não deixo perecer nenhum daqueles que são meus.
Onde salvas teu irmão, tu me estás salvando nele.

8. Da ovelha desgarrada eu me fiz o Bom Pastor. Reconduze, acolhe e guia, a quem de mim se extraviou. Onde acolhes o meu irmão, tu me acolherás também nele.

9. Quem comer o Pão da Vida, eu o ressuscitarei, e no reino do meu Pai teremos vida plenamente. Onde todos os irmãos serão eterna comunhão.

(KOLLING, Ir. Míria T. et al.
Cantos e Orações: para a liturgia da missa,
celebrações e encontros. Petrópolis: Vozes, 2004, 164).

36. ME CHAMASTE PARA CAMINHAR

1. Me chamaste para caminhar na vida contigo
decidi para sempre seguir-te, não voltar atrás.
Me puseste uma brasa no peito e uma flecha na
alma. É difícil agora viver sem lembrar-me de ti.

Te amarei Senhor (bis)

eu só encontro a paz e a alegria bem perto de ti (2x)

2. Eu pensei muitas vezes calar
e não dar resposta. Eu pensei na fuga esconder-me,
ir longe de ti. Mas tua força venceu e ao final
eu fiquei seduzido, é difícil agora viver sem sauda-
de de ti.

3. Ó Jesus não me deixes jamais caminhar solitário
pois conheces a minha fraqueza e o meu coração.
Vem, ensina-me a viver a vida na tua presença, no
amor dos irmãos, na alegria, na paz, na união!

(KOLLING, Ir. Míria T. et al.
Cantos e Orações: para a liturgia da missa,
celebrações e encontros. Petrópolis: Vozes, 2004, 571).

37. QUERO OUVIR TEU APELO, SENHOR

1. Quero ouvir teu apelo, Senhor, ao teu chamado de
amor responder. Na alegria te quero servir, e anunciar o teu reino de amor.

**E pelo mundo eu vou cantando o teu amor, pois
disponível estou para servir-te, Senhor**

2. Dia a dia, tua graça me dás; nela se apoia o meu caminhar.
Se estás ao meu lado, Senhor, o que, então, poderei
eu temer?!...

(KOLLING, Ir. Míria T. et al.
Cantos e Orações: para a liturgia da missa,
celebrações e encontros. Petrópolis: Vozes, 2004, 795).

38. TU TE ABEIRASTE DA PRAIA
(A BARCA)

Tu te abeiraste da praia. Não buscastes nem sábios
nem ricos, somente queres que eu te siga.

**Senhor, tu me olhaste nos olhos, a sorrir pronun-
ciastes meu nome,**

lá ná praia, eu larguei o meu barco,
junto a ti buscarei outro mar.

2. Tu sabes bem que em meu barco eu não tenho nem
ouro nem espadas, somente redes e meu trabalho.

3. Tu, minhas mãos solicitas, meu cansaço que a outros descanse, amor que almeja seguir amando.

4. Tu, pescador de outros lagos, ânsia eterna de almas
que esperam.
Meu bom amigo que assim me chamas.

(KOLLING, Ir. Míria T. et al.
Cantos e Orações: para a liturgia da missa,
celebrações e encontros. Petrópolis: Vozes, 2004, 578).

39. SENHOR, FAZEI DE MIM

Senhor, fazei-me instrumento de vossa paz!
Onde houver ódio que eu leve o amor,
Onde houver ofensa que eu leve o perdão,
Onde houver discórdia que eu leve a união,
Onde houver dúvida que eu leve a fé,
Onde houver erro que eu leve a verdade,
Onde houver desespero que eu leve a esperança,
Onde houver tristeza que eu leve alegria,
Onde houver trevas que eu leve a luz.
Ó mestre, fazei com que eu procure mais
Consolar que ser consolado,
Compreender que ser compreendido,
Amar que ser amado. Pois é dando que se recebe,
É perdoando que se é perdoado,
E é morrendo que se vive para a VIDA ETERNA.

(KOLLING, Ir. Míria T. et al.
Cantos e Orações: para a liturgia da missa,
celebrações e encontros. Petrópolis: Vozes, 2004, 1420).

40. DA CEPA BROTOU A RAMA

**Da cepa brotou a rama, da rama brotou a flor,
da flor nasceu Maria, de Maria, o Salvador.**

1. O Espírito de Deus, sobre Ele pousará, de saber, de
entendimento, este Espírito será de conselho e fortaleza, de ciência e de temor, achará a alegria, no
temor do seu Senhor.

(KOLLING, Ir. Míria T. et al.
Cantos e Orações: para a liturgia da missa,
celebrações e encontros. Petrópolis: Vozes, 2004, 6).

41. QUANDO VIRÁ, SENHOR, O DIA

1. Quando virá, Senhor, o dia,
    quando virá o Salvador,
    pondo-se termo à profecia
    que nos promete um Redentor!

Orvalhai lá do alto, ó céus,
E as nuvens chovam o Justo.

(Rorate coeli desuper,
    et nubes pluant Iustum)

2. Dia em que fora prometido
    tão firmemente aos nossos pais!
    Dia em que o mal será banido,
    Dia de hosanas triunfais!

3. Filha de reis, ó Virgem pura,
    eis a celeste saudação:
    és a escolhida criatura,
    Mãe da Celeste promissão!

(KOLLING, Ir. Míria T. et al.
Cantos e Orações: para a liturgia da missa,
celebrações e encontros. Petrópolis: Vozes, 2004, 24).

42. VINDE, CRISTÃOS

1. Vinde, cristãos, vinde à porfia,
    hinos cantemos de louvor,
    hinos de paz e de alegria
    hinos dos anjos do Senhor.

Glória a Deus nas alturas!
(*Glória in excelsis Deo!*)

2. Foi nesta noite venturosa
    o nascimento do Senhor
    que anjos com voz harmoniosa
    deram a Deus o seu louvor.

3. Vinde juntar-vos aos pastores,
    vinde com eles a Belém!
    vinde correndo pressurosos
    o Salvador enfim nos vem!

(KOLLING, Ir. Míria T. et al.
Cantos e Orações: para a liturgia da missa,
celebrações e encontros. Petrópolis: Vozes, 2004, 85).

43. NOITE FELIZ

1. Noite feliz! Noite feliz!
    ó Senhor, Deus de amor,
    pobrezinho nasceu em Belém,
    eis na lapa, Jesus, nosso bem!
    Dorme em paz, ó Jesus!

2. Noite feliz! Noite feliz!
    Ó Jesus, Deus da luz,
    quão afável é teu coração
    que quisestes nascer nosso irmão,
    e a nós todos salvar.

3. Noite feliz! Noite feliz!
    Eis que no ar vêm cantar
    aos pastores os anjos dos céus,
    anunciando a chegada de Deus,
    de Jesus Salvador.

(KOLLING, Ir. Míria T. et al.
Cantos e Orações: para a liturgia da missa,
celebrações e encontros. Petrópolis: Vozes, 2004, 95).

44. SANTA MÃE MARIA
(CAMINHANDO COM MARIA)

1. Santa Mãe, Maria, nesta travessia cubra-nos teu
    manto cor de anil,
    Guarda nossa vida, Mãe Aparecida, Santa Padroei-
    ra do Brasil.

Ave Maria! Ave Maria!

2. Com amor divino guarda os peregrinos nesta cami-
    nhada para o além!
    Dá-lhes companhia, pois também um dia foste pe-
    regrina de Belém!

3. Mulher peregrina, força feminina a mais importante
    que existiu.
    Com justiça queres que nossas mulheres sejam
    construtoras do Brasil.

(KOLLING, Ir. Míria T. et al.
Cantos e Orações: para a liturgia da missa,
celebrações e encontros. Petrópolis: Vozes, 2004,1248).

45. ORAÇÃO PELA FAMÍLIA

1. Que nenhuma família comece em qualquer de repente,
   Que nenhuma família termine por falta de amor.
   Que o casal seja um para o outro de corpo e de mente
   E que nada no mundo separe um casal sonhador.
   Que nenhuma família se abrigue debaixo da ponte
   Que ninguém interfira no lar e na vida dos dois.
   Que ninguém os obrigue a viver sem nenhum horizonte
   Que eles vivam do ontem no hoje, e em função de um depois!

Que a família comece e termine sabendo onde vai
E que o homem carregue nos ombros a graça de um pai
Que a mulher seja um céu de ternura, aconchego e calor
E que os filhos conheçam a força que brota do amor.
ABENÇOA, SENHOR, AS FAMÍLIAS, AMÉM!
ABENÇOA, SENHOR, A MINHA TAMBÉM!

2. Que marido e mulher tenham força de amar sem medida
   Que ninguém vá dormir sem pedir ou sem dar seu perdão
   Que as crianças aprendam no colo o sentido da vida
   Que a família celebre a partilha do abraço e do pão
   Que marido e mulher não se traiam nem traiam seus filhos
   Que o ciúme não mate a certeza do amor entre os dois
   Que no seu firmamento a estrela que tem maior brilho,
   Seja a firme esperança de um céu aqui mesmo e depois.

(KOLLING, Ir. Míria T. et al.
Cantos e Orações: para a liturgia da missa,
celebrações e encontros. Petrópolis: Vozes, 2004, 1415).

46. ESTA É A CEIA (A QUEM IREMOS NÓS?)

1. Esta é a ceia do Pai, vinde todos,
   tomai o Alimento Eterno,
   Hoje desejo saciar vossa fome de Paz, acolhei-me no coração.

Aonde iremos nós? Aonde iremos nós?
Tu tens Palavras de Vida e Amor!
Aonde iremos nós? Aonde iremos nós?
Tu és o Verdadeiro Santo de Deus!

2. Toda a verdade falei,
   feito pão eu deixei o meu Corpo na mesa,
   Hoje desejo estar outra vez entre vós,
   Acolhei-me no coração...

3. Meu Sangue deixei ficar
   feito vinho no altar,
   quem beber tem a vida.
   Hoje desejo unir todos vós, vinde a mim,
   Acolhei-me no coração...

4. Minha promessa cumpri,
   teus pecados remi, preparai o caminho,
   Hoje desejo fazer minha Igreja crescer,
   Acolhei-me no coração.

(KOLLING, Ir. Míria T. et al.
Cantos e Orações: para a liturgia da missa,
celebrações e encontros. Petrópolis: Vozes, 2004,773).

Conecte-se conosco:

 facebook.com/editoravozes

 @editoravozes

 @editora_vozes

 youtube.com/editoravozes

 +55 24 2233-9033

www.vozes.com.br

Conheça nossas lojas:
www.livrariavozes.com.br

Belo Horizonte – Brasília – Campinas – Cuiabá – Curitiba
Fortaleza – Juiz de Fora – Petrópolis – Recife – São Paulo

EDITORA VOZES LTDA.
Rua Frei Luís, 100 – Centro – Cep 25689-900 – Petrópolis, RJ
Tel.: (24) 2233-9000 – E-mail: vendas@vozes.com.br